AU ROY,

ET A NOSSEIGNEURS

les Commissaires de son Conseil, nommés
par Arrêt du 2. Octobre 1734.

SIRE,

LE SIEUR EVESQUE DE BOULOGNE représente très-humblement à VOTRE MAJESTE', que les Chanoines de son Eglise, qui contre l'avis de la plus saine partie du Chapitre, prétendent être exempts de sa Jurisdiction, & dépendre immédiatement du Sieur Archevêque de Reims Métropolitain, ont enfin après bien des délais affectés, produit toutes les Piéces sur lesquelles ils appuyent leur prétention ; mais bien loin qu'elles leur soient favorables, elles ne serviront qu'à faire connoître leur esprit d'indépendance de tout Superieur, & même leur mauvaise foi.

Il est ordinaire qu'avec cet esprit d'indépendance, on cherche à rendre son Supérieur odieux ; c'est la conduite repréhensible que tiennent ici ces Chanoines qui s'efforcent de se soustraire à l'autorité de leur Evêque.

Ils s'appliquent en commençant leur Requête, à insinuer malicieusement plusieurs faits faux, & d'ailleurs inutiles à la décision de l'affaire dont il s'agit.

Ils font un crime à leur Evêque, de ce que s'étant plaint à V. M. de l'insulte qui lui fut faite en plein Chœur, V. M. eut la bonté d'ordonner à M. Chauvelin, Intendant, de se transporter sur les lieux ; & quoiqu'après avoir connu le desordre qui régnoit dans ce Chapitre, il eût par ordre de V. M. fait biffer & rayer les Actes & Délibérations qu'ils avoient faits contre leur Evêque ; ils osent aujourd'hui rappor-

A

ter ces mêmes actes comme subsistants encore, & se rendent en cela coupables de desobéissance à ce qui est émané de l'autorité sacrée de V. M.

Ils imposent encore à leur Evêque d'avoir de son autorité supprimé le petit Office de la Vierge, & ajoûtent que c'est le Chapitre qui l'a rétabli, tandis que le Mandat qui est à la tête des Brefs, porte expressément que ce furent les Chanoines qui en supplierent le Sieur Evêque, lequel ne fit ce changement, qu'en rendant la dévotion à la sainte Vierge plus générale & plus solemnelle; & que c'est aussi de son autorité seule, que, sans rien changer à ce qu'il avoit fait, il a rétabli le même petit Office.

Quant à l'élection du Sieur Godde à la Chantrerie, pour laquelle ils accusent leur Evêque de partialité, leur propre Registre les dément, & fait au contraire connoître l'indulgence de leur Evêque, qui voulut bien se contenter, que pour réparation de ce qu'ils avoient mis à ce sujet dans leurs Affiches contre son autorité & le respect qu'ils lui doivent, ils portassent une Délibération sur leur Registre qui déclarât que tout ce qui avoit été par eux fait à cet égard, demeureroit non fait & non avenu. Cela paroît par la Déliberation ci-jointe, en conséquence de quoi ils firent de nouvelles Affiches.

La réputation que leur Doyen s'est faite & à Reims dans l'Assemblée Provinciale, & dans l'Assemblée Générale du Clergé, marque assez qu'il fait honneur au Chapitre. Mais c'est trop s'arrêter sur des faits inutiles.

Question à juger. Il s'agit ici uniquement de sçavoir si ces Chanoines ont raison de soûtenir que le Chapitre soit exempt de toute Jurisdiction de l'Ordinaire, & soumis immédiatement au Métropolitain, qui est M. l'Archevêque de Reims.

L'Affaire déja préjugée contre les Chanoines. Comment d'abord concilier cette exemption totale de la Jurisdiction de leur Evêque, avec ce qui a été déja jugé contradictoirement contre eux par l'Arrêt du Conseil de V. M. rendu le 2. Octobre 1734. en grande connoissance de cause sur les titres respectivement produits, où la question de la prétenduë exemption du Chapitre a été précisément agitée à l'occasion de ce qui avoit été ordonné par un précédent Arrêt de V. M. au sujet du cérémonial, & de la compilation des Statuts qui devoient être faits de l'autorité de leur Evêque Diocesain, de concert néanmoins avec eux.

Le Mémoire imprimé que le Sieur Evêque de Boulogne produisit alors au Conseil de V. M. pour la defense de sa Jurisdiction qui étoit alors attaquée, est une preuve bien précise que la décision dépendoit uniquement de sçavoir si le Chapitre se pouvoit dire exempt de la Jurisdiction Episcopale; aussi commence-t-il par ces termes: *L'Evêque de Boulogne se trouve aujourd'hui forcé de defendre le droit le plus essentiel de l'Episcopat, & en particulier celui de son Eglise, pour y maintenir la subordination & la discipline Ecclesiastique.* Et dans tout le corps de ce Mémoire, le Sieur Evêque de Boulogne établit sa qualité de Supérieur immédiat du Chapitre, & répond à toutes les objections qui lui étoient faites à ce sujet par ceux qui empruntoient le nom du Chapitre, & qui ne vouloient pas le reconnoître pour Superieur.

Sur cela V. M. par son Arrêt contradictoire du 2. Octobre 1734 *ordonne que son premier Arrêt de l'année 1733. auquel ces Chanoines étoient opposants, seroit executé selon sa forme & teneur.* Ce premier Arrêt ordonnoit outre ce qui regardoit le cérémonial, la compilation des Statuts Capitulaires qui devoient être faits sous l'autorité de l'Evêque, *que tous les Chanoines seroient tenus de se conformer en ce qui les concerne aux Statuts Synodaux du Diocese de 1700. & de 1704. confirmés par l'Ordonnance du Sieur Evêque de Boulogne du 15. Juillet 1733.*

Il est vrai que l'Arrêt contradictoire qui déboute les Opposants, porte: *Et quant à la Jurisdiction immédiate que prétend avoir le Sieur Evêque de Boulogne sur le Chapitre, Sa Majesté renvoye la question pour être jugée contradictoirement avec le Sieur Archevêque de Reims.*

Or les Chanoines étant expressément soumis aux Statuts Synodaux du Diocese, & étant aussi jugé avec eux, que c'est à l'Evêque à fixer le Cérémonial de l'Eglise, & à donner son approbation à la compilation qui doit être faite des Statuts Capitulaires, l'Arrêt reconnoît par là le Chapitre soumis à la Jurisdiction Episcopale; & si V. M. y renvoye la question à juger de nouveau avec le Sieur Archevêque de Reims, cette derniere partie de l'Arrêt ne détruit pas l'autre; il étoit juste que le Sieur Archevêque de Reims qui n'étoit point alors en cause, fût entendu, & qu'il pût produire les titres de sa superiorité immédiate sur le Chapitre, si il étoit vrai qu'elle lui appartint.

Il ne s'agit donc présentement que de voir quels peuvent être les titres du Sieur Archevêque de Reims; c'est proprement ici sa cause, & non plus celle du Chapitre; c'est au Métropolitain à revendiquer sa Jurisdiction si on y a donné atteinte par l'Arrêt contradictoire rendu contre les Chanoines.

Le Sieur Archevêque de Reims qui est présentement en cause, reconnoît assez qu'il n'a point de Titres qui soient conformes aux vœux de ces Chanoines de Boulogne; il n'en produit aucun, parce qu'il ne lui est pas possible de le faire : les Registres de sa Métropole ne lui ont rien fourni sur cela, quelques recherches qui y ayent été faites; ils se sont trouvés muets, ce qui prouve qu'il n'a même aucune possession. Il ne pense donc pas que les droits de son Siége ayent été entamés par l'Arrêt qui préjuge si disertement les Chanoines soumis à la Jurisdiction Episcopale. L'Archevêque de Reims ne produit aucun Piéce.

Ce sont uniquement les Chanoines, qui pour se soustraire à la Jurisdiction de l'Ordinaire, prennent en main la cause d'un Superieur éloigné d'eux de 68. lieues; les yeux de leur Evêque trop ouverts sur leur conduite les incommodent; proprement ils ne veulent avoir aucun Superieur; c'est troubler leur paix & *cette tranquillité* qu'ils appellent *bienheureuse*, que d'avoir un Superieur qui éclaire de si près leurs actions. Conduite odieuse des Chanoines.

Mais de quelle paix peut-on joüir quand on se dérange de toute subordination pour vivre sans regles & à son gré? Celui que le S. Esprit a établi leur Pasteur, peut-il lui-même rester tranquile? *Et ne seroit-il pas responsab'e au souverain Pasteur dont il tient son pouvoir sur eux, s'il ne faisoit tous ses efforts pour les ramener au bercail?* Le zele sur cela de son devoir qui l'anime, a-t-il pû donner quelque prise sur sa conduite pleine de charité & de moderation à leur égard, que ces Chanoines inconsiderés ont osé néanmoins critiquer si mal à propos à la tête de leur Requête, sans même y respecter sur cela les ordres de V. M.

Entrons donc en matiere ici avec eux, & laissant là tous les discours méséans de ces esprits discoles & dérangés de la soumission & du respect qu'ils doivent à leur Evêque, examinons ici les inductions qu'ils tirent de tout ce fatras de Piéces, qu'ils n'ont affecté de produire que pour embroüiller autant qu'il a été en eux une affaire qui en elle-même est toute simple, quand on en revient à des principes certains qui doivent être ici la baze & le fondement de la décision.

Ces Chanoines poussent leur prétention jusqu'à se *dire totalement exempts de la visite, correction, & généralement de toute Jurisdiction volontaire, gracieuse & contentieuse de leur Evêque, & de ne reconnoître à tous égards pour Superieur immédiat que l'Archevêque de Reims.* Les conclusions de leur Requête.

Et pour donner sur cela du crédit à toutes les différentes Piéces au nombre de 96. qu'ils entassent ici, ils commencent à la premiere page de leur Requête par ces termes: *Personne n'ignore combien les Exemptions ont autrefois scandalisé les Evêques, & que depuis plus de mille ans ils se plaignent de ces Privileges comme du renversement de tout l'ordre de la Hierarchie, Au reste (continuent-ils) le tems & la puissance des Clefs de S. Pierre a trop bien établi cet usage pour qu'on soit obligé de le défendre; on sçait quelles ont été les raisons d'une si sainte œconomie, & que sans ce remede on n'auroit trouvé, & peut-être ne trouveroit-on encore que guerre & que trouble, au lieu de la paix & de cette tranquillité bienheureuse que cherchent ceux qui se consacrent à Dieu.* Fausse idée qu'ils donnent des Exemptions.

Après ce début, qui renferme autant de paradoxes que de mots, on n'est pas surpris que dans le corps de la Requête on y ménage si peu la vérité dans les faits qu'on avance, & qu'on y porte l'illusion & le déguisement jusqu'à tirer des inductions de la plûpart des Piéces produites, qui sont directement opposées à ce qui en résulte véritablement. Leur illusion & déguisement dans les faits.

C'est l'appanage de l'injustice & de l'usurpation de ne se soûtenir que par le mensonge & par le violement des Loix les plus saintes.

On divisera cette Requête en deux Parties: dans la premiere on rétablira la véritable idée qu'on doit avoir des Exemptions; dans la seconde on réfutera toutes les Piéces produites par les Chanoines. Division de la Requête en deux Parties.

PREMIERE PARTIE.

Véritable idée des Exemptions. Leur origine, leur progrès, & leur suppression.

ON ne soûtiendra pas ici que toutes les Exemptions soient abusives ; on conviendra volontiers qu'il y en a plusieurs dont l'établissement peut être dit canonique, & que diverses circonstances ont pû rendre utiles à l'Eglise : aussi ont-elles été revêtuës de toutes les formes authentiques & nécessaires, seules capables de déroger à un droit commun, aussi sacré que celui qui soûmet à la conduite de l'Evêque tout le troupeau qui compose son Diocese.

Textes sacrés. Fondemens du pouvoir des Evêques.

Pouvoir qui a été donné par Jesus-Christ même aux Apôtres, & en leurs personnes aux Evêques qui sont leurs successeurs ; c'est ce qui paroît par les paroles de S. Paul aux Evêques d'Asie : *Attendite vobis & universo gregi in quo vos Spiritus sanctus posuit Episcopos regere Ecclesiam Dei :* & par celles de S. Ignace Martyr, qui vivoit sur la fin du premier siécle & au commencement du second, dans son Epitre aux Ephesiens, *Decet vos accedere sententia Episcopi qui secundùm Deum vos pascit ;* & dans son Epitre aux Tralliens : *Episcopo subjecti estote sicut Domino, quid enim aliud est Episcopus quàm is qui omni principatu & potestate superior est.*

Le quarantiéme Canon de ceux qu'on attribuë aux Apôtres, qui quoiqu'ils ne soient pas d'eux, sont reçûs avec beaucoup de vénération, étant le Droit Canonique des trois premiers siécles, formé par ces hommes Apostoliques qui avoient succedé aux premiers Apôtres, porte que *les Prêtres ni les Diacres ne fassent rien sans l'Evêque ; car c'est à l'Evêque seul que le peuple de Jesus-Christ a été commis, & c'est lui seul qui en rendra compte.*

Jesus-Christ est-il donc venu apporter la guerre & le trouble dans la sainte Hierarchie qu'il a établie pour le gouvernement de son Eglise ?

Les Prêtres & les Diacres ont-ils été en guerre avec les Evêques dans tous les premiers siécles de l'Eglise où les exemptions ont été inconnuës ? le peuple & le Clergé y étoit également soumis à son Evêque, qu'il regardoit comme son Apôtre. Il n'y avoit même en ce tems-là aucune distinction entre le Clergé Séculier & le Régulier.

Tous les Moines soumis comme les autres jusqu'au sixiéme siécle.

Les Moines ayant commencé dans le cinquiéme siécle à se vouloir distinguer sur cela, le Concile Œcuménique de Calcedoine tenu en 451. qui est l'un des quatre que S. Grégoire compare aux Evangiles, ordonna dans son Canon quatriéme qu'ils seroient soumis à l'Evêque du lieu de leur résidence : *Placuit Monachos per unamquamque civitatem vel regionem subjectos esse Episcopo.*

Et au Canon 8. ce Concile répéte la même disposition contre les Moines, en y comprenant aussi tout le Clergé de chaque Diocese : *Clerici qui praficiuntur Ecclesiis vel qui ordinantur in Monasteriis & Basilicis Martyrum, sub Episcoporum qui in unaquaque civitate sunt, secundùm Sanctorum Patrum ordinationem, potestate permaneant.*

Ce Concile n'ordonne point cette puissance des Evêques comme un établissement nouveau ; il ne fait que confirmer celui qui avoit été fait par Jesus-Christ, & continué par une tradition constante.

Le premier Concile d'Orleans tenu en 511. ne fait autre chose que continuer cette sainte Tradition, lorsqu'il ordonne au quatriéme Canon que toutes les Eglises sans en excepter aucune, soient sous la puissance des Evêques : *Omnes Basilicæ quæ per diversa loca construstæ sunt vel quotidie construuntur, placuit secundùm priorum Canonum regulam, ut in ejus Episcopi potestate consistant in cujus territorio positæ sunt.* Les Moines eux-mêmes n'avoient encore alors aucun privilege d'exemption ; & comme les Abbés se vouloient distinguer sur cela, c'est ce qui donna lieu à un Canon particulier de ce Concile, qui est le dix-neuviéme, & qui porte : *Abbates pro humilitate*

Les Abbés eux-mêmes.

religionis in Episcoporum potestate consistant ; & si quid extra Regulam fecerint, ab eis corrigantur.

Il paroît par tout ce que dessus, que du moins jusqu'au sixiéme siécle de l'Eglise, les exemptions de la Jurisdiction des Evêques étoient inconnuës ; on y suivoit l'ordre

dre naturel & faintement établi de la Hierarchie qui fe termine à l'Evêque dans fon Diocefe, perfonne n'en étoit exemt, pas même les Abbés, qui font eux-mêmes des Prélats du fecond ordre, par rapport aux Religieux qui étoient fous leur puiffance.

Ce fut le Pape S. Grégoire qui dans un Concile tenu à Rome au commencement du feptiéme fiécle, fut le premier qui commença à moderer l'autorité des Evêques fur les Monafteres, à l'occafion de droits extraordinaires fous prétexte de vifites, que quelques Evêques avoient exigés d'eux: *In monafteriis*, dit ce Pape, *multa à Præfulibus prejudicia atque gravamina pertuliffe cognovimus..... oportet ergo de futurâ quiete eorum falubri ordinatione difponere.* Sur quoi il ordonne que les Religieux pourront élire leur Abbé fans la participation des Evêques, & fait plufieurs Réglemens qui ont fervi de fondement à l'exemption perfonnelle de plufieurs Réguliers, foit parce que les Evêques n'étoient point affez inftruits des régles de la vie Monaftique, foit parce qu'alors la fainteté dans laquelle vivoient les Religieux firent croire aux Princes & aux Evêques eux-mêmes, que le gouvernement des Monafteres devoit être abandonné à leurs Prélats Réguliers.

Exemptions des Moines. Commencement au feptiéme fiécle. C. Quam neceffarium & luminofo 18. q. 1.

Mais les exemptions des Monafteres, toutes juftes qu'elles paroiffoient, devoient être revêtuës de certaines formes autentiques.

Formes qui y étoient gardées.

En premier lieu. Il étoit néceffaire que le Diocefain comme le plus intereffé, y prêtât fon confentement. S. Germain Evêque de Paris, au rapport d'Aymonius, ne confentit pas feulement à l'exemption de l'Abbaye de S. Germain des Prez de fa Jurifdiction; il en dicta lui-même l'acte.

Aymonius Monachus l. 3. c. 2.

Le même Auteur rapporte que l'exemption de l'Abbaye de S. Denis ne lui a auffi été accordée que du confentement de Landeric Evêque de Paris.

Lib. 4. cap. 41.

Flodoard dans fon Hiftoire de Reims, rapporte auffi que S. Nivard, Archevêque de Reims, donna fon confentement à l'exemption des Religieux de S. Bafles.

Lib. 2. cap. 2.

En fecond lieu, le confentement de l'Evêque feul ne fuffifoit pas; celui des autres Evêques de la Province y étoit requis: c'eft la remarque que fait l'illuftre Bignon fur la premiere formule de Marculphe: *Ex hac formula patet initio Epifcopos Conventu aliorum Epifcoporum habito liberationem à fua poteftate Monafteriis conceffiffe.* L'Avocat Général de la Moignon dans la caufe jugée contre l'exemption prétenduë par le Chapitre de S. Gatien de Tours, fe fonda entr'autres moyens fur ce que cette exemption n'avoit point été approuvée par tous les Conciles Provincial.

En troifiéme lieu, l'autorité & la confirmation du Saint Siége étoient auffi requifes pour la validité de ces exemptions; c'eft ce qui eft prouvé par la premiere formule de Marculphe *lib.* 1.

Yves de Chartres en fon Epitre 19b. parlant de la folemnité obfervée en l'exemption de l'Eglife de S. Quentin, de la Jurifdiction de l'Evêque Diocefain, dit qu'elle doit fubfifter, & en voici les raifons: *Illam ab antecefforibus Epifcopis dicta Sancti Quintini Ecclefia obtinuit Apoftolica quoque manus roboravit, & Regia Majeftas Pragmatica Sanctione firmavit;* par où il expofe toutes les formalités néceffaires à l'établiffement d'une exemption. Sur quoi on peut voir auffi le fçavant Traité *de concordia Sacerdot. & Imperii.*

M. de Marcha lib. 3. cap. 16.

Et quoique l'exemption accordée à l'Abbaye de S. Martin de Tours fut revêtuë du confentement de Grotbert Archevêque de Tours, & de celui de tous les Evêques de la Province, & que le Roi y eut auffi donné fon agrément, néanmoins le Pape Adeodatus témoigna de la difficulté à autorifer ce privilege; qu'il regardoit encore de fon tems comme contraire à l'ufage & à la fainte Tradition : *Parumper ambigimus poftulatis annuere, quia mos atque Traditio fancta noftra Ecclefia plus non fuppetit à regimine Epifcopalis providentia religiofa loca fecernere.*

Les Papes s'étant accoutumés dans la fuite à accorder des exemptions, & à goûter les avantages qui en revenoient à leur Siége, on en vit paroître plufieurs qu'ils avoient accordées dans un tems où plufieurs Evêques tenoient plus de compte des honneurs du fiécle, que du rang qu'ils occupoient dans l'Eglife.

Abus de ces exemptions trop fréquentes. S. Bernard & Pierre de Blois s'en plaignent aux Papes.

S. Bernard qui vit avec douleur ce renverfement de la Hierarchie, s'en plaignit au Pape Eugene III. en ces termes : *Murmur loquor & quarimoniam Ecclefiarum, truncari fe clamitant & difmembrari: vel nulla, vel pauca funt, qua plagam iftam aut non doleant, aut non timeant ......fubtrahuntur Abbates Epifcopis, Epifcopi Archiepifcopis.*

Lib. 3. cap. 4. de confiderat. ad Eugenium.

B

Enfuite il fait connoître au Pape qu'il n'a pas le pouvoir d'affranchir ainfi les inférieurs de la Jurifdiction de leurs Supérieurs, fans une caufe de néceffité ou d'utilité, qui ne doit point (ajoûte-t-il) être particuliere, mais qui doit être générale & interefler le bien commun de l'Eglife; & de toutes les exemptions qui avoient été accordées jufqu'alors par les Souverains Pontifes, il n'approuve que celles qui leur avoient été demandées par les Fondateurs dans le tems de la fondation des Eglifes; voici fes termes : *Ubi neceffitas urget excufabilis difpenfatio, ubi utilitas provocat difpenfatio, laudabilis eft. Utilitas dico communis, non propria ; nam cum nihil horum eft, non planè fidelis difpenfatio, fed crudelis diffipatio eft. Nonnulla Monafteria fita in diverfis Epifcopatibus ab ipfa fui fundatione ac Sedem Apoftolicam pertinuerint quis nefciat? Sed aliud eft quod largitur devotio, aliud quod molitur ambitio impatiens fubjectionis.*

S. Bernard ne fait ici aucune mention des exemptions des Chapitres, parce qu'il n'y en avoit encore aucun de fon tems qui fut fur cela détaché de fon Evêque.

E/ ft. 68.

Pierre de Blois qui a vêcu depuis S. Bernard, dans fon Epitre au Pape Alexandre III. s'éleve auffi avec beaucoup de zéle contre les exemptions qui étoient accordées aux Abbés : *Quid eft*, dit-il, *eximere ab Epifcoporum Jurifdictione Abbates, nifi contumaciam ac rebellionem præcipere & armare filios in parentes?* Et il appelle ce privilege, *beneficium damnatiffima libertatis.* Liberté qui avoit auffi parû condamnable à S. Bernard. *O libertas*, difoit-il, *omni fervitute fervilior.* Il ajoûte que quoiqu'il fut Abbé, il fe donnoit bien de garde de la prétendre, parce qu'il croiroit par là devenir l'efclave du démon de l'orgueil : *Patienter ab hujufmodi libertate abftineam quæ me peffima addicat fervituti fuperbia.*

Nul exemple encore des exemptions des Chapitres dans le douziéme fiécle.

Il eft à craindre, continuë Pierre de Blois, qu'à l'exemple des Abbés qu'on fouftrait ainfi de l'autorité des Evêques, on n'aboliffe auffi la foumiffion que les Doyens & les Archidiacres doivent aux Prélats : *Verendum eft ne ficut Abbates ab Epifcopis, ita à Prælatis fuis Decani & Archidiaconi eximantur.* Preuve bien claire que dans le douziéme fiécle on ne connoiffoit point encore ces exemptions qui féparent dans une Eglife Cathedrale les membres de leur Chef, fouvent auffi pernicieufes que celles qui difpenferoient les Religieux des Monafteres, de la foumiffion à leurs Prélats Réguliers.

On réfute ici les Chanoines.

C'eft cependant cet abus qui a paru fi énorme aux Saints Peres, inconnû encore au douziéme fiécle à l'égard des Chapitres, que nos Chanoines difcoles divinifent, pour ainfi dire, & qu'ils appellent une fainte œconomie, qu'ils font remonter à une ignorance de l'Hiftoire de l'Eglife, à plus de mille ans, & fans laquelle, ajoûtent-ils, il n'y auroit que trouble & guerre dans les Eglifes, au lieu de cette tranquillité bienheureufe que cherchent ceux qui fe confacrent à Dieu.

C'eft-à-dire, qu'ils fe font confacrés à Dieu dans le deffein impie & criminel de ne point reconnoître pour leur Supérieur, celui que le Saint Efprit a établi pour les conduire, & auquel toute la fainte Tradition les oblige fi expreffément d'être foumis. Quel aveuglement !

Autre abfurdité. *Le tems*, difent-ils, *& la puiffance des clefs de S. Pierre a trop bien établi cet ufage, pour qu'on foit obligé de le deffendre.*

Veulent-ils dire par là, qu'indiféremment tous les Chapitres, pour éviter la guerre & le trouble, doivent être exems de la Jurifdiction de leur Evêque? Ils ont intérêt de porter jufques là leurs impertinens raifonnemens ; parce que bien loin d'avoir aucun titre légitime d'exemption, ils n'ont pas même un de ces titres que les abus qu'ils renfermoient ont fait anéantir dans une infinité d'Eglifes, quoi qu'ils fuffent émanés des Papes revêtus de la puiffance des clefs de S. Pierre.

Mais pour déranger abfolument le fiftême d'erreurs qu'ils avancent, ils apprendront ici en quel tems & dans quelles circonftances les exemptions des Chapitres fe font introduites dans les Eglifes, & quel fort elles y ont eu.

Etat des Chanoines au neuviéme fiécle. Vie commune. Pleine foumiffion aux Evêques.

Cap. 145.

Le Clergé Séculier étant malheureufement tombé dans un effroyable défordre, & dans une fi grande ignorance, qu'on fut obligé de tirer les Moines de leurs Cloîtres pour deffervir les Paroiffes. Le Concile d'Aix-la-Chapelle tenu en 816. fous l'Empereur Louis le Debonnaire, s'appliqua à le réformer ; entr'autres Réglemens qu'il crut néceffaires pour y faire revivre la difcipline dans fa première pureté, il ordonna que les Chanoines obéïroient à leur propre Evêque en toutes chofes, felon qu'il eft décidé par les Canons, *proprio Epifcopo in omnibus fecundùm canonicam inftitutionem obtemperent.*

Et comme ce Concile obligeoit tous les Chanoines de vivre ensemble en commun sous la pratique d'une certaine Régle, semblable en plusieurs points à celle des Religieux, il permet aux Supérieurs qui les conduisoient sous l'autorité des Evêques, de leur imposer des pénitences, & de les corriger de leurs fautes ; mais en même-tems il est dit que ceux qui seront incorrigibles, & dont le mauvais exemple pouvoit nuire aux autres, seront traduits devant l'Evêque, pour être par lui repris publiquement : *Ante præsentiam deducantur Episcopi, ut ab eo canonica autoritate damnentur.* Ce qu'il ordonne même de faire d'abord dans les fautes qui peuvent être mises au nombre des crimes : *Si verò quis in Collegio Canonicorum culpam criminalem admiserit, huic nulla est danda dilatio, quin .... coram Episcopo deducetur, ut ab eo publicâ mulctetur pœnitentiâ.*

Dans le dixiéme siécle, l'Eglise se trouvant alors agitée & divisée par des schismes, la pureté de cette discipline qu'on avoit établie dans le neuviéme siécle en souffrit beaucoup. Au dixiéme siécle ils secouerent le joug de la vie commune.

Car ce fut dans ce tems que les Chanoines des Eglises secouerent le joug de la Régle sous laquelle ils vivoient auparavant en commun ; ils voulurent avoir chacun leur Manse & leur maison séparée, ce qui excita une grande persécution contre Ratherius Evêque de Veronne, qui vivoit dans ce dixiéme siécle, & qui n'ayant pas voulu souffrir ce désordre, & que les Chanoines se rendissent les maîtres de leur Manse, & la partageassent entr'eux, contre la Coutume qui étoit, dit-il, généralement établie dans toutes les Eglises, où les Evêques distribuoient aux Clercs ce qui leur étoit nécessaire, fut chassé deux fois de son Siége par les cabales & les intrigues de ses Chanoines, qui ne vouloient, ajoûte-t'il, s'enrichir qu'afin de pouvoir plus impunément se révolter contre lui : *Ut ditati videlicet, habeant unde contra Episcopum suum valeant rebellare.* Rather. Veron. de contemptu Canonum part. t. lib. apolog. tom. a. spicileg.

Après une longue résistance des Evêques zélés à maintenir la discipline, le parti des Chapitres se trouva enfin le plus fort ; parce qu'en ce tems-là l'élection aux Prélatures appartenoit aux Chanoines des Eglises, & ils ne mettoient point en place les personnes propres à résister à leurs entreprises.

Aussi voit-on par plusieurs Réglemens des Conciles de ce tems-là, qu'il y avoit des Evêques sans crédit, sans science, inconnus, plus occupés des affaires du siécle que du soin de leur troupeau ; c'est alors que les Chapitres, qui avoient déja sçu parvenir à secouer le joug de la vie commune qui leur avoit été prescrite par les Canons, ont entrepris pour la plûpart de se soustraire de la Jurisdiction de leur Evêque.

Ils se sont attribués d'abord à eux-mêmes le droit de corriger les mœurs de leurs Confreres, imitant en cela les Moines, qui se prétendoient exempts des Evêques pour la correction des mœurs. Leurs premieres entreprises sur la Jurisdiction.

Le quatriéme Concile Général de Latran, tenu sous le Pape Innocent III. en l'année 1215. cap. 7. réveille sur cela l'attention des Evêques qui laissoient empieter leur autorité ; ce Concile leur ordonne de s'appliquer à corriger les mœurs de ceux qui leur sont soumis, principalement des Clercs : *Irrefragabili Sanctione sancimus ut Ecclesiarum Prælati ad corrigendum subditorum excessus maximè Clericorum & reformandum mores prudenter & diligenter intendant, ne sanguis eorum de suis manibus requiratur.* Réprimées par le Concile Général de Latran de 1215.

Le même Concile en confirmant la Coutume de quelques Eglises Cathédrales qui étoient dans l'usage de corriger certains excès des Chanoines, ce qui ne concernoit que des fautes légeres commises dans l'intérieur du Chapitre, ordonne néanmoins que cette correction se fera sous l'autorité de l'Evêque, dans le terme qui seroit par lui statué ; & qu'en cas de négligence des Chapitres, l'Evêque comme surveillant, ne manqueroit pas d'y suppléer : *Excessus tamen Canonicorum Ecclesiæ Cathedralis, qui consueverunt corrigi per Capitulum per ipsum in illis Ecclesiis quæ talem hactenus consuetudinem habuerunt ad commonitionem vel jussionem Episcopi corrigantur infra terminum competentem, ab Episcopo præfigendum ; alioquin ex tunc Episcopus, Deum habens præ oculis, ipsos pro ut animarum cura exegerit corrigere non postponat.*

Et comme en ces tems-là les entreprises des Chapitres croissoient de jour en jour, & qu'il y en eut qui affectoient d'être indépendans de leurs Evêques, en ce qui concernoit la correction des mœurs ; les Conciles regarderent cela comme un crime &

Et par un au-
tre Concile de
1225.
un attentat facrilege contre les Canons, ordonnerent aux Evêques de les réprimer, & d'ufer envers eux de toute la rigueur des Canons ; c'eſt ce qui ſe voit par un Dé-
cret d'un Concile de 1225. rapporté par le P. d'Acheri dans ſon *Spicilegium* Tom. II.
qui porte : *Decreto ſtatuimus, ut tam in Ecclefiis Cathedralibus quàm in aliis, Clerici pro-
prios Epiſcopos ad correctionem ſuam, ſicut qui de animarum ſuarum curâ tenentur, reddere
rationem, admittant humiliter & devotè, nihilque in Ecclefiis ſuis abſque ipſorum conſilio
& tractatu precipuè in majoribus negotiis ſtatuere vel ordinare praſumant, quod ſi hujuſ-
modi conſtitutionis inventi fuerint tranſgreſſores ab Epiſcopis pœnâ canonicâ feriantur.*

Le mal porté à
ſon comble
dans le quator-
zième ſiécle.
Enfin le mal fut porté à ſon dernier excès ſur le 13. & dans le 14e. ſiecle ; un grand nombre d'Evêques eurent alors la foibleſſe de ſe dépoüiller eux-mêmes de leur autorité ſur les Chapitres ; il y en eut qui vendirent leur Juriſdiction : on a vû une infinité d'exemples de ces anciennes pactions ſimoniaques ; les Chapitres qui ne pouvoient rien gagner ſur cela ſur leurs Evêques, ou ſe ſont mis en poſſeſſion d'une exemption qui ne leur avoit point été accordée, ou ont eu recours aux Papes, qui ſous divers prétextes leur accordoient le privilege d'être exempts de la Juriſdiction de leurs Evêques, & de ne relever immédiatement que du S. Siége.

Le Schiſme étant ſurvenu, & l'Egliſe ſe trouvant partagée entre deux chefs, ce fut encore une occaſion aux Chapitres peu ſoûmis, ou mécontents de leurs Evê-
ques, de s'affranchir de ſon obéïſſance, en adhérant au Chef oppoſé, lequel ne manquoit pas d'uſer à leur égard de la puiſſance des Clefs de S. Pierre, pour lui marquer auſſi-tôt ſa reconnoiſſance par l'exemption qu'il leur accordoit : tous ces Privilegiés, intereſſés à ſoûtenir l'autorité qui les tiroit de la dépendance, l'élevoient hardiment au-deſſus des Canons.

Ainſi la face de l'Egliſe ſe trouva inſenſiblement changée, & les anciennes regles étouffées par les nouveautés ; l'Evêque ſe trouva ſans Clergé qui lui obéït, & le Paſteur ſans Troupeau qui le reconnût.

Remedes ap-
portés par les
Conciles.
Les Exemptions
y ſont ſuppri-
mées. Concile
de Conſtance de
1414. en ſuppri-
me un grand
nombre.
Pour remédier à de ſi grands maux, & à pluſieurs autres qui affligeoient l'Egliſe, on aſſembla en 1414. un Concile général à Conſtance ; ce Concile dont on con-
noît l'authorité parmi nous, s'appliqua dans le Chapitre *Attendentes* de la Seſſion 43. non ſeulement à remedier à l'abus des Exemptions pour le paſſé, mais encore à leur donner des bornes pour l'avenir. Le Pape Martin V. à la tête de ce Concile, ordonna qu'on n'accorderoit plus à l'avenir aucune exemption ſans connoiſſance de cauſe, & ſans entendre toutes les Parties intereſſées, *niſi cauſâ cognitâ & vocatis quorum in-
tereſt.* Les Papes les avoient accordé auparavant *proprio motu*, & de la plenitude de leur puiſſance.

A l'égard du paſſé, le Concile annulle 1°. toutes celles que les Papes eux-mêmes avoient accordées pendant le Schiſme arrivé depuis la mort de Gregoire XI. qui dura 40. ans, & ne finit que dans le Concile.

2°. Toutes celles qui avoient été données par tous Prélats inferieurs aux Papes, par où ce Concile réprouva toutes les Exemptions que les Evêques ſeuls avoient ac-
cordés à leurs Chapitres ſans le concours de l'authorité du S. Siege, *omnes Exemptio-
nes perpetuas, per inferiores à Papâ factas ſacro approbante Concilio revocamus.*

Il fait beau après cela entendre les Chanoines de Boulogne loüer les exemptions des Chapitres de la Juriſdiction de l'Ordinaire, juſqu'à les mettre au rang de la ſainte œconomie, pendant qu'on voit que ces ſortes de privileges ſont nés dans la déca-
dance de la diſcipline, & pendant les Schiſmes ; qu'ils étoient inconnus avant le 13e. ſiécle à l'égard des Chapitres, & que le Concile général aſſemblé au commencement du 15e. ſiécle s'applique à les reſſerrer pour l'avenir dans des bornes étrottes, & en réprouve en même tems un très-grand nombre qui avoient été accordées par le paſſé.

Concile de
Latrán les ſup-
prime pour l'a-
venir.
Dans le 16e. ſiécle, le Concile de Latrán tenu ſous le Pape Leon X. en l'année 1517. défend abſolument d'accorder pour l'avenir aucune exemption.

Concile de
Trente les ſup-
prime toutes à
l'avenir & pour
le paſſé.
Elles ont été toutes abolies, même pour le paſſé par le Concile de Trente dans la Seſſion 6. *de Reformatione. Cap. 4.* tenue au mois de Janvier 1547. ſous le Pontificat de Paul III. qui décide que tous les Chapitres des Egliſes Cathedrales & autres, ſeront ſoûmis à la viſite & correction des Evêques, nonobſtant toutes Exemptions, Coûtumes, Sentences, Serments, Concordats, leſquels, dit le Concile, ne ſont obligatoires que contre leurs autheurs, & non contre les ſucceſſeurs, *Capitula Cathedralium*

9

Cathedralium & aliarum majorum Ecclesiarum, illarumque persona, nullis Exemptionibus, Consuetudinibus, Sententiis, Juramentis, Concordatis, qua tantùm suos obligant authores, non etiam successores, tueri se possint quominus à suis Episcopis & aliis majoribus Prælatis per se vel illis quibus sibi videbitur adjunctis, juxta canonicas Sanctiones toties quoties opus fuerit visitari, corrigi & emendari etiam authoritate Apostolicâ possint & valeant.

La même chose fut encore décidée par le même Concile sous le Pontificat de Jules III. dans la Session 14. *de Reformatione. Cap.* 4. tenuë en 1551.

Charles IX. sur les Remontrances des Etats de son Royaume assemblés, fit à cet égard deux choses remarquables.

Ordonnance d'Orleans conforme au Concile.

Premierement, par l'Article 11. de l'Ordonnance d'Orleans de 1560. il décide » Que *tous les Chanoines & les Chapitres tant Séculiers que Réguliers des Eglises Cathedrales ou Collegiales, seront indifferemment sujets à l'Archevéque ou Evéque Diocesain,* » *sans qu'ils puissent s'aider d'aucun privilege, pour le regard de la visitation & punition* » *des crimes,* en quoi cette Ordonnance adopte ce qui étoit porté par le Concile.

Demande du Roi Charles IX. au Concile.

Secondement, il chargea ses Ambassadeurs de demander de sa part aux Peres du Concile de Trente, comme une chose qui lui paroissoit absolument nécessaire pour le rétablissement de la discipline dans l'Eglise, qu'on rendît aux Evêques leur Jurisdiction dans toute leur étenduë, & qu'on supprimât toutes les Exemptions, excepté celles des Chefs d'Ordres, auxquels néanmoins il seroit juste de pourvoir, ensorte qu'ils ne demeurassent pas sans correction : *Restituantur Episcopis intra omnem Dioecesim, ecclesiastica Jurisdictiones, & tollantur omnes exemptiones.* C'est l'Article 26. des demandes faites au Concile de la part du Roy Charles IX.

Discours du Cardinal de Lorraine son Ambassadeur. Hist. del Cardl. Palav. lib. 23. c. 3.

Voici en conséquence ce que le Cardinal de Lorraine, Ambassadeur de France au Concile, y représente au nom du Roy & de toute l'Eglise de France au sujet des Exemptions des Chapitres, il dit » Qu'il ne croyoit pas qu'il y eût une peste plus » contagieuse pour l'Eglise que ces sortes d'Exemptions, qui y faisoient autant de » monstres qu'elles y laissoient de membres sans chef ; qu'il pouvoit y avoir quelque » exemption juste & sainte, sçavoir, celle qui s'accordoit pendant la vie de quelque » Evêque suspect ; mais que pour les exemptions perpetuelles, elles n'avoient pris » naissance que de trois causes. La premiere, qui regardoit principalement la France, » avoit été l'avarice de Clement VII. qui fut fait Pape durant le Schisme, & qui aussi » bien que son successeur, avoit vendu ces sortes de graces & de privileges. La se- » conde, avoit été la négligence de plusieurs Evêques, ou le desir qu'ils ont eu de » s'enrichir de l'argent que les Chanoines leur offroient, pour les faire consentir à » ces sortes d'exemptions. La troisiéme cause étoit que les Chanoines, & particuliére- » ment en France, étoient Religieux, & qu'ainsi ils avoient un Prélat particulier qui » veilloit sur leur conduite, ce que n'ont point à présent les Chanoines Séculiers » exempts ; que le Pape étant trop éloigné d'eux, ne peut en prendre soin par lui- » même ; qu'il étoit inutile d'alléguer en faveur de ces exemptions, la possession im- » mémoriale ; qu'une vieille coûtume aussi abusive que celle-là, ne pouvoit préjudi- » cier à une autre coûtume toute sainte, & beaucoup plus ancienne.

Les Peres du Concile de Trente ont eu égard à ces Remontrances, & aux clameurs de toutes les Eglises contre les exemptions, quoi qu'ils eussent déja prévenu ce qui leur étoit demandé dans les Sessions tenuës sous les Pontificats de Paul III. & de Jules III. Ils repeterent la même décision dans la Session 24. *de Reform. Cap.* 10. qui porte : *Nec in his ubi de visitatione aut morum correctione agitur, exemptio quoquo modo impediat.*

Et dans le Chapitre 11. de la même Session, le Concile déclare nettement que les exemptions troubloient l'ordre de la Hierarchie, énervoient la discipline, produisoient la licence & le relâchement des moeurs : *Quoniam privilegia & exemptiones qua variis titulis plerisque conceduntur, hodie perturbationem in Episcoporum jurisdictione excitare, & exemptis occasionem laxioris vitæ prebere dignoscuntur.*

Raisons pourquoi les Conciles Provinciaux n'ont rien décidé sur cela.

Il est vrai que le Clergé de France en demandant, comme il a fait par des instances si souvent réiterées, la publication du Concile de Trente, y a ajoûté une réserve des Privileges, Exemptions & Jurisdictions des Chapitres.

Mais cette restriction qui ne peut être entenduë, que des Exemptions qui ont été canoniquement établies, n'a été mise dans les Remontrances que par condescendance pour les Chapitres, qui étoient trop puissants en ces tems-là dans les Assem-

C

blées du Clergé, on a crû que les circonftances demandoient qu'on s'accommodât à leurs prétentions, afin que leur réfiftance n'empêchât pas d'autres biens, & qu'il falloit attendre un tems plus favorable pour rétablir l'ancienne difcipline dans l'Eglife de France.

Ce qui s'eft vé-
ritablement paf-
fé au Concile de
Reims de 1564.

C'eft ici l'endroit de relever les fauffetés employées par les Chanoines de Boulo-gne, page 9. de leur Requête, au fujet du Concile Provincial de Rheims de 1564.

1°. Ils difent qu'il fut arrêté dans ce Concile, que les Chapitres des Eglifes Cathedrales continuëroient de joüir de l'exemption de la Jurifdiction de leurs Evêques.

Il n'y a fur cela aucune difpofition dans ce Concile, ce qui eft fi vrai, que dans la Congregation 18. » l'Evêque de Châlons déclara qu'il s'étonnoit que parmi tant de » Saints Decrets du Concile de Trente, qui avoient été adoptés par le Concile Pro-» vincial, on eût omis celui du même Concile qui retranchoit toutes les exemptions » des Chapitres; & il demandoit qu'il y fût inferé, comme étant un point principal » qui regardoit ce qu'il y a de plus important au maintien de la difcipline; & qu'il ne » pouvoit affez admirer, que tant d'habiles Theologiens qui étoient préfents à l'Af-» femblée, refufaffent de confentir à la promulgation de cet Article.

A quoi l'Archevêque de Reims l'Illuftre Cardinal de Lorraine, Préfident du Concile, qui s'étoit expliqué fi fortement dans fon Ambaffade au Concile général contre les Exemptions des Chapitres, répondit » Que pour lui, il vouloit obéïr au » Concile, & qu'il ne croyoit pas qu'aucun Chrétien puiffe lui être contraire; qu'il » fouhaitoit fort qu'on fît ce que demandoit l'Evêque de Châlons, mais que la dureté » des cœurs ne le permettoit pas quant à préfent : *Propter duritiem cordis libellum repu-dii aliquandiu effe permittendum.* Ce font fes propres paroles. Il ajoûte tout de fuite : » Que les Députés des Chapitres refufoient d'opiner fur cela, difant qu'ils n'en » avoient pas le pouvoir; & que comme il n'y avoit d'ailleurs que peu d'Evêques pré-» fents à l'Affemblée, on ne pouvoit rien déterminer à cet égard : *Cùm Procuratores dicant fe habere in mandatis, ut de hâc re non refpondeant, nec is fit numerus qui debebat Epifcoporum.*

2°. Les Chanoines de Boulogne en impofent encore, lorfqu'ils parlent de ce qui s'eft paffé dans la Congregation 10°. du Concile Provincial; ils affectent de confondre le Doyen d'Amiens, qui étoit le Député de l'Evêque, avec le Député du Chapitre d'Amiens. Il ne s'agiffoit point dans cette Congregation des Exemptions, on y traitoit toute autre matiere, fçavoir, ce qui regardoit la refidence desTitulaires des Benefices à charge d'ames; & il y avoit fur cela deux partis, l'un qui fuivoit la regle étroite, & l'autre plus radouci & plus conforme à l'équité. Le Doyen d'Amiens prit ce dernier parti, & voici fes paroles : *Non fibi videri fummum jus & rigorem effe præferendum æqui-tati.* Le Député du Chapitre d'Amiens qui opina après, dit hors d'œuvre dans fon Avis, qu'il étoit chargé par fon Chapitre d'en foûtenir les Privileges : *Se habere in mandatis ut tueatur jura, libertates & exemptiones fui Capituli;* c'eft de quoi il ne s'agiffoit pas alors. Le Député du Chapitre de Theroüanne ne dit autre chofe, finon qu'il étoit de l'avis du Doyen d'Amiens, qui ne concernoit que les Statuts de la refidence.

Ainfi c'eft à la faveur d'une confufion affectée de deux perfonnes différentes, qu'on fuppofe ici contre la verité, que le Député du Chapitre de Theroüanne, a défendu dans cette Congregation les privileges & exemptions de fon Chapitre; il n'en parle en aucun endroit des Scéances du Concile, parce qu'il eft certain que fon Chapitre n'étoit point exempt.

On rétorque
contre les Cha-
noines les Actes
de ce Concile.

Une caufe d'exemption qui fe défend par des alterations fi groffieres de la verité, doit paroître bien mauvaife; & même ce qui s'eft paffé dans ce Concile Provincial, dont les Chanoines de Boulogne argumentent ici en leur faveur, fe rétorque puif-famment contre eux-mêmes, puifque premierement on ne voit en aucun endroit du Concile, que le Député du Chapitre de Theroüanne ait fait mention de l'exemption de fon Chapitre, comme ont fait les Députés des autres Chapitres. Secondement, l'Archevêque de Reims dont ils veulent dépendre immédiatement, vouloit que toutes les exemptions de la Jurifdiction des Ordinaires fuffent abolies, conformément à la dé-cifion du Concile de Trente, qu'il auroit fouhaité recevoir dans fon Concile Provincial, & à laquelle il ne croyoit pas même qu'aucun Chrétien dût résister : mais le nombre des Opposans du second ordre, & la dureté de leurs cœurs, empêcherent sur cela l'effet de ses souhaits; il attendoit un tems plus favorable pour rétablir dans sa Province l'ancienne discipline.

La même chose s'est passée dans les autres Conciles Provinciaux tenus depuis le Concile de Trente.

Les Peres du Concile de Roüen, tenu en 1581. dans la douziéme des questions *Concile de Roüen de 1581.* qu'ils proposerent au Pape Gregoire XIII. lui exposent l'etat fâcheux dans lequel les exemptions avoient réduit l'Eglise de France, en ces termes : *Propter exemptiones Capitulorum non potest restitui ecclesiastica disciplina, nec emendari ullus abusus Ecclesiarum Cathedralium; exemptiones verò nequeunt ad moderationem Concilii Tridentini reduci, propter Capitulorum resistentium multitudinem eorumque potentiam.*

Les Peres du Concile de Tours, tenu en 1583. apres avoir exposé les desordres *Concil. de Tours de 1583.* causés par ces exemptions, & l'impunition qu'elles causent des crimes des exempts, font un Decret pour y apporter quelque remede d'où on peut juger de ce qu'ils auroient fait dans un tems plus favorable : *Ne autem defectus & excessus prædicti aliaque crimina, quæ per Ecclesiasticos, prætextu exemptionum per nonnulla Capitula prætensarum, in multarum animarum periculum impunita remaneant, statuimus ut quibuscumque juribus, exemptionibus, immunitatibus & privilegiis nonobstantibus, ab Episcopis ex authoritate quam œcumenicorum Conciliorum Canones illis concedunt, contra delinquentes procedatur, servatâ formâ qua iisdem Conciliis præscribitur, quoties contra Regulares exemptos aut aliquem de Capitulis ipsis Episcopis penitùs non subjectis, fuerit procedendum.*

Tels ont été les sentimens des Conciles & des plus grands hommes, au sujet des exemptions; ils les ont toûjours regardés, comme des retranchemens odieux d'une puissance légitime & toute sainte; ils ont toûjours eu en vûë de faire revivre le droit commun, & d'anéantir ces Privileges, qu'une fâcheuse experience a fait connoître avoir été préjudiciables au maintien de la bonne discipline : penser le contraire, oser encore le caractériser de sainte œconomie, c'est montrer ou une extrême ignorance, ou, ce qui seroit encore pis, la corruption d'un cœur, ennemi des saintes regles : c'est appeller saint, ce qui est réprouvé par les Conciles & par les SS. Peres, & ce qui a été même, une source fatale de corruption dans l'Eglise : c'est en même tems s'élever hardiment contre toute authorité.

Les Cours Souveraines du Royaume ont adopté sur cela l'esprit de l'Eglise. Fevret *Suffrage des Cours Souveraines.* en son Traité de l'Abus Liv. 3. enseigne qu'*elles ont tant qu'elles ont pû travaillé à maintenir le droit des Ordinaires contre les Exemptions.*

L'Avocat Général Servin dans ses Plaidoyers, dit *que le Sieur du Faur de Pibrac, *Plaidoyers 30. 632. Avocat Général en 1565. portant la parole en cette qualité, avoit protesté de requérir en tems & lieu, que toutes les Exemptions fussent déclarées abusives; & le Sieur Servin loüe cette Protestation; il assure qu'elle est sainte, conforme à l'esprit de l'Eglise, & qu'on pourra le faire quelque jour.*

L'Article 16. du Reglement fait aux Grands Jours de Clermont, porte : *Pourront les Evêques ou leurs Officiaux recevoir les plaintes contre les Chanoines de leurs Dioceses, en informer, en instruire le Procés, nonobstant toutes Exemptions prétenduës par les Religieux & Chapitres, pour lesquels ils se pourvoiront en la Cour.*

Tous les Arrêts tant du Conseil d'Etat que du Parlement, qui ont été rendus dans *Les différens Arrêts contre les Chapitres.* ces derniers tems, contre les Chapitres des Eglises Métropolitaines & Cathedrales, de Sens, de Tours, de Luçon, d'Angoulême, du Mans, de Chartres & autres & contre un grand nombre de Chapitres d'Eglises célebres Collegiales, sont des preuves éclatantes, qu'il y a peu d'exemptions qui puissent se soûtenir, lorsque les Titres en sont exposés au grand jour, & examinés au poids du Sanctuaire dans les Tribunaux de la Justice : *Multa*, dit le Pape Innocent III. *per patientiam tolerantur, quæ si fuerint in judicium deducta, exigente justitiâ minimè tolerari debeant.* Ainsi si on voit encore un si grand nombre de Chapitres, qui joüissent paisiblement du Privilege d'être exempts de la Jurisdiction Episcopale, ils le doivent pour la plûpart au silence, & à la tolerance des Evêques, auxquels ils ne donnent peut-être pas sujet de s'en plaindre.

Il reste ici à montrer que la simple possession, quelque ancienne qu'elle puisse *La simple possession telle qu'elle soit, est inutile ici.* être, ne peut être d'aucune utilité pour operer une exemption de la Jurisdiction Episcopale.

L'Illuftre Cardinal de Lorraine l'a bien établi en peu de mots dans fon Difcours au Concile de Trente : *Une vieille coûtume auffi abufive que celle-là , ne peut préjudicier à une autre coûtume toute fainte & beaucoup plus ancienne :* en effet ce qui eft abufif ne fe purge point par le tems.

On ajoûtera ici que les prefcriptions n'ont été introduites, que pour rendre certain le domaine des chofes qui tombent dans le commerce des hommes ; l'interet public a prévalu en ce point à celui des Particuliers , qui fe trouvent dépoüillés par leur inaction & leur négligence.

Or les raifons qui ont donné lieu aux prefcriptions, n'ont point d'application à des droits qui n'entrent point dans le commerce, comme font ceux attachés au caractere Epifcopal ; il ne peut pas y avoir en ce cas d'inconvenient dans la focieté, par rapport à l'incertitude du côté du domaine , puifque de droit commun ces droits appartiennent à l'Evêque : D'ailleurs nul ne peut s'attribuer à foi-même cet honneur , comme dit S. Paul, il faut y être appellé de Dieu comme Aaron ; par confé-quent on ne peut fe l'attribuer par le feul ufage , & par la feule poffeffion , fans une ufurpation facrilege.

Le droit de l'Evêque eft fondé fur l'Ecriture Sainte, fur l'ordre de JESUS-CHRIST, fur les Canons des Conciles, fur toute la Tradition. C'eft donc à un Chapitre , & à tout autre qui allegue une exemption , à faire voir comment il eft forti de cet ordre, & par qui il a été déchargé de la fubordination à fon Prelat , dont l'authorité toute fainte ne peut fe perdre par le tems, ni par les entreprifes des poffeffeurs.

C'eft encore un principe que les Loix publiques, ne reçoivent aucune atteinte par les tranfgreffions qui s'en peuvent faire ; c'eft pourquoi aucune prefcription n'eft ad-mife en ce cas, en voici des exemples. On ne peut s'exempter du payement de la Dixme par la fimple poffeffion , quelqu'ancienne qu'elle puiffe être. Dans les Coû-tumes où la maxime ; *Nulle Terre fans Seigneur,* eft reçuë, on ne peut par la fimple pof-feffion s'exempter du payement des droits reglés par la Coûtume. Un Laïc ne peut par la fimple poffeffion acquerir le Domaine d'une Dixme Ecclefiaftique , parce que de droit commun il eft incapable de la poffeder ; il faut qu'il rapporte un Titre pri-mordial d'inféodation , ou du moins des Aveux & Dénombremens anciens : dans tous ces cas on ne peut prefcrire , parce que la Loi publique reclame fans ceffe contre le Poffeffeur , & le conftituë en mauvaife foi.

Par la même raifon , on ne peut fe fouftraire par la feule poffeffion , de l'ordre éta-bli dans la Hierarchie , à moins qu'on n'ait un Titre qui ait été capable de déroger à ce droit public de la fubordination aux Evêques.

Le devoir de l'obéïffance eft attaché de droit divin, à la qualité d'inferieur à l'égard de celui que Dieu a établi au-deffus de lui ; ainfi il ne fçauroit ufer de prefcription, fans réfifter , comme dit S. Paul , à l'ordre de Dieu, & fans violer une Loi qui lui eft comme intrinfeque & effentielle à l'état où Dieu l'a mis. M. l'Avocat Géneral Talon, dans la caufe de l'Eglife de S. Aignan d'Orleans, jugée par Arrêt du 4. Juin 1677. établit fur ce principe l'imprefcriptibilité de l'exemption de la Jurifdiction Epifco-pale : il fe fervit des exemples de l'efclave , & d'un vaffal, dont l'un ne prefcrit point l'obéïffance contre fon Maître , & l'autre la foi contre fon Seigneur. Il ajoûta que la caufe des Evêques eft beaucoup plus favorable, les Loix humaines ayant reglé cette fubordination entre les efclaves & leurs Maîtres , & celle des vaffaux à leur Seigneur ; au lieu que la foumiffion des Chapitres à leurs Evêques, a fon fondement dans la Loi divine ; elle prend fon origine de l'ordre de J. C. qui a établi des Pafteurs de deux ordres differens pour le gouvernement de fon Eglife , des Evêques & des Prêtres. C'eft ce qui a été jugé par un grand nombre d'autres Arrêts , rendus contre des Chapitres qui fe prétendoient exempts , & qui au défaut de Titres legitimes , alléguoient leur poffeffion immémoriale.

Ces principes pofés , il fera aifé de réfuter toutes les Piéces qui font ici produites en faveur de l'exemption prétenduë par les Chanoines de Boulogne de la Jurifdiction de leur Evêque.

SECONDE

SECONDE PARTIE.
Où on réfute toutes les Pieces des Chanoines.

Avant d'entrer dans le détail de ce grand nombre de Pieces, dont on a affecté de groſſir l'Inſtance, il eſt bon de ſe recueillir ici, dans des principes certains, qui ſeuls en feront connoître l'inutilité, & même l'abſurdité. Sommaire des principes établis dans la premiere Partie.

1°. En general, pour fonder un privilege & une exemption, il faut un Titre conſtitutif émané de celui qui a le pouvoir d'établir le Privilege, ce qui eſt toujours vrai quand il s'agit de déroger à une loi publique.

2°. Il faut que ce Titre ſoit clair & précis ; car comme il s'agit ici d'une exception à la loi, la maxime eſt que dans le doute il faut ſe tenir à la regle, ſuivant cet axiome de tous les Juriſconſultes : *Quando obſcura eſt exceptio, ſtandum eſt regula.* Toute exemption requiert un Titre clair.

3°. L'exemption de la Juriſdiction Epiſcopale, eſt un privilege des plus exhorbitans & des plus odieux, puiſqu'il eſt contraire ce Droit commun ſacré de l'établiſſement de la ſainte Hierarchie, à la Tradition conſtante, à la diſpoſition des Conciles generaux, aux ſentimens des Saints Peres, & de tous les Grands Hommes : qu'il introduit le deſordre dans les Dioceſes, y fait des Corps & des Prêtres acephales, en ſeparant les membres de leur Chef, qu'il y rompt & y détruit le nerf de la diſcipline, qu'il étoit inconnu dans tous les premiers ſiecles de l'Egliſe, juſqu'au treiziéme, par raport aux Chapitres ; en un mot, qu'il renverſe toute la ſainte œconomie du raport & de la ſoumiſſion des oüailles à leur Paſteur ; raiſons pourquoi il eſt aujourd'hui, & depuis le Concile de Trente, plutôt toleré qu'autoriſé, à l'égard de ceux même qui pourroient en avoir des titres legitimes.

Or on ne peut pas diſconvenir, que pour un pareil privilege, encore plus que pour aucun autre, il ne faille un Titre conſtitutif clair & précis ; ſi vrai qu'il ne peut jamais être ſuppléé par quelque poſſeſſion que ce ſoit, comme on l'a établi, & comme il a été jugé par les Arrêts. Principalement celle de la Juriſdiction epiſcopale.

Ce qui eſt encore d'autant plus vrai, que le Titre conſtitutif requiert ici des conditions & des formes eſſentielles, ſans leſquelles il n'eſt point reçu en Juſtice. Les formes de ce Titre.

Premierement, il doit avoir été fondé ſur une cauſe de neceſſité & d'utilité, non pas particuliere, comme le dit S. Bernard, mais commune & generale, qui intereſſe l'avantage & le bien de l'Egliſe. Autrement ce ne ſeroit plus une diſpenſe canonique, mais une cruelle diſſipation : *Cum nihil horum eſt, non planè fidelis diſpenſatio, ſed crudelis diſſipatio.*

Secondement, il y a pluſieurs formes preſcrites pour un pareil titre ; il faut que les Parties intereſſées y ayent conſenti ; la principale eſt l'Evêque dioceſain, mais ſon conſentement ne ſuffiſoit pas ſeul dans le temps de ces ſortes de conceſſions, dont il n'y a plus d'exemples depuis le Concile de Trente : il falloit encore celui des Evêques de la Province, parce qu'un Evêque qui n'a que l'adminiſtration pendant ſa vie, ne peut pas ſeul dépoüiller ſon Siége du fond de la Juriſdiction qui lui appartient : il falloit auſſi que l'autorité du S. Siege y intervînt, parce qu'il eſt reſervé au Souverain Pontife ſeul, de diſpenſer contre la diſpoſition des Conciles generaux ; & ces conceſſions n'ont été faites que depuis le Concile general de Calcedoine, auquel il falloit ici déroger expreſſément, ce que les Papes ne pouvoient même faire de la plenitude de leur puiſſance ſans une Cauſe canonique : enfin l'autorité du Roy qui eſt le Protecteur des Canons, étoit neceſſaire, auſſi-bien que l'Enregiſtrement dans les Cours Souveraines.

Voyons après cela, ſi de tous les Titres qu'on amaſſe ici en ſi grand nombre, il y en a un ſeul qui puiſſe ſoutenir les regards de la raiſon, & de toutes ces maximes conſtantes & certaines qui y ſont conformes.

Les Chanoines de Boulogne diſent hardiment *qu'ils ſont exempts de la Juriſdiction de l'Ordinaire dès le tems de leur Fondation* ; ils font remonter l'ancienneté de leur egliſe qui étoit autrefois à Therouanne dans le troiſiéme ſiecle, ce qui n'eſt pas veritable ; car le premier Evêque de Therouanne eſt Antimond en 551. mais ſans s'arrêter à cette époque, qui eſt inutile, il ſuffit d'obſerver qu'il eſt impoſſible qu'ils Les Chanoines ſe prétendent ici fauſſement exempts par la Fondation.

D

euffent été établis, dès le tems de la Fondation exempts de leur Ordinaire, puisqu'une telle exemption étoit un monftre dans la Hierarchie, abfolument inconnu alors, & qui n'a commencé à fe montrer par raport aux Chapitres, que dans le treiziéme fiecle, comme on l'a bien établi ci-deffus.

Voici neanmoins comment ils prétendent être exempts par leur Fondation: *La Ville de Therouanne* (difent-ils) *ayant été prefque détruite pendant les Guerres, Baudouin, Evêque de Therouanne, la rétablit vers le commencement du onziéme fiecle, on y fonda* 16 *Prébendes aufquelles il accorda une pleine & entiere exemption.*

Quelle preuve ont-ils de ce fait ? ils la tirent du Martyrologe de l'Eglife de Boulogne, imprimé, difent-ils, du confentement de l'Evêque en 1694. qui porte ces termes : *Balduinus Urbem Teroanam à Normanis jam olim pæne deftructam reftau avit, ejus tempore fexdecim Prabenda in Ecclefia Morinenfi, quam omnimoda libertate infignivit inftituta funt, alia fexdecim poftea addita*; felon eux, c'est ici le Titre primordial & conftitutif de ce beau privilege, d'une pleine & entiere exemption de la Jurifdiction Epifcopale.

Preuve de cette fauffeté. Plufieurs réflexions en vont faire connoître toute l'illufion, on pourroit dire l'extravagance.

1°. Il n'est fondé que fur une induction qu'ils tirent des termes d'un Martyrologe de l'Eglife de Boulogne, imprimé en 1694. Quand cette piece fe trouveroit conçue dans les termes les plus expreflifs d'une exemption, qu'on énonceroit avoir été accordée au Chapitre par Baudouin, elle ne feroit aucune preuve d'un Titre conftitutif abfolument neceflaire ici, qu'on ne representeroit point ; elle ne pourroit au plus paffer, que comme un fimple énoncé auquel il ne feroit pas de la regle d'aiouter aucune foi, *non creditur referenti*, difent les Jurifconfultes, *nifi conftet de relato.*

2°. Mais est-il vrai que cet énoncé du Martyrologe, faffe mention d'une exemption du Chapitre de la Jurifdiction de fon Evêque ?

Si cela étoit vrai, l'Evêque n'auroit eu garde de confentir à fon impreffion. Reprenons les termes : *Balduinus Urbem reftauravit*, on le reconnoît là, le reftaurateur de la Ville, *ejus tempore fexdecim Prabenda in Ecclefia Morinenfi inftituta funt.* Il n'est pas dit, comme on le fuppofe ici, que c'est lui qui ait fondé ces feize Prebendes ; les fonds de ces feize Prebendes fubfiftoient malgré la ruine arrivée des bâtimens de la Ville.

Voici comment cet établiffement des feize Prebendes doit être entendu ; c'est qu'avant la guerre des Normands qui avoient ruiné les bâtimens de la Ville, les Chanoines de Therouanne, comme dans toutes les autres Eglifes, vivoient en commun, & ne joüiffoient point de prebendes à part ; on a vû ci-deffus que fur la fin du dixiéme fiecle, dans le tems que l'Eglife étoit agitée par des fchifmes, les Chanoines profiterent de ces troubles, pour fecoüer le joug de la vie commune, qui leur avoit été prefcrite dans le neuviéme fiecle par le Concile d'Aix la Chapelle, ce qui excita une grande perfecution contre Atherius, Evêque de Verone, qui ne voulut pas fouffrir que les Chanoines partageaffent la manfe entr'eux, contre l'ufage établi, dit-il, dans toutes les Eglifes.

Or après la reftauration de la Ville de Therouanne, qui étoit précifément du même tems, où les Chanoines entreprenoient de toutes parts à joüir de Manfes feparées, il fut fait dans l'Eglife de Therouanne feize portions de la Manfe capitulaire, qui étoient autant de Prebendes, dont l'Evêque apparemment fe trouva obligé, comme dans plufieurs autres Eglifes, de les laiffer joüir à part en liberté ; voilà à quoi ces termes, *cum omnimoda libertate*, pourroient avoir leur relation, parce que plufieurs Evêques s'oppofoient encore fortement à ces partages.

Mais on a d'autant plus de tort ici, d'en induire une exemption de la Jurifdiction Epifcopale, que fuivant l'énoncé du Martyrologe, ces termes dont on abufe ici, ne fe rapportent pas même aux Chanoines ni au Chapitre, mais à tout le Corps de l'Eglife en general, dont l'Evêque est le Chef, *fexdecim Prabenda in Ecclefia Morinenfi, quam omnimoda libertate infignivit.* Ce mot *quam* fe rapporte à ceux-ci *Ecclefia Morinenfi*, & non pas à ceux-là *fexdecim prabenda*; ainfi ce qui est renfermé fous ces autres mots *omnimoda libertate* n'a pas précifément rapport au Chapitre, & concerne auffi l'Evêque lui-même, fi, ce qui n'est pas, ces termes avoient quelque relation à la Jurifdiction epifcopale, l'Evêque devoit donc conferver par là, le libre exercice de la Jurifdiction, avec bien plus de raifon, que d'en fuppofer au Chapitre un droit nouveau, auffi exorbitant qu'une exemption qui auroit été moins une liberté, qu'un libertinage.

Voici donc à quoi ces termes pouvoient s'appliquer : l'Evêque étoit Seigneur de la Ville, en cette qualité il a pû attribuer à la temporalité de fon Eglife, des immunitez & des franchifes fous-entenduës fous ces termes : *quam Ecclefiam omnimoda libertate infignivit.*

3°. Il eft abfurde de dire que l'Evêque qu'on fuppofe ici le Fondateur des Prebendes, bien que cela ne foit pas, eut penfé à fe dépoüiller lui-même du droit de fa Jurifdiction Epifcopale. Le Fondateur d'un Chapitre, autre que l'Evêque, auroit pû avoir cette idée, d'impofer à fa liberalité la condition de ne le point faire dépendre de la Jurifdiction du Diocefain ; encore auroit-il été obligé de s'adreffer pour cela au Pape, pour faire valoir une pareille condition à fa fondation, mais de fuppofer que l'Evêque lui-même Fondateur l'ait entendu faire, c'eft une illufion d'autant plus groffiere, que cela paroît abfurde, & qu'il ne convenoit pas à l'Evêque Fondateur, de faire à fon propre dommage une telle breche aux Saints Canons, & d'en donner le premier l'exemple, dans un tems où les exemptions des Chapitres étoient abfolument inconnuës, comme elles l'ont été encore plus de deux fiecles après la mort de Baudouin.

Mais ce qui fait voir abfolument que ces Chanoines de Boulogne, ou ignorent l'Hiftoire de leur propre Eglife, ou cherchent à en impofer ; c'eft ce qui eft rapporté par Malbranque dans fon Hiftoire des Morins, & par tous les Auteurs qui en ont parlé, que ce furent les Rois Clotaire & Dagobert qui dans le feptiéme fiecle, pour établir la Religion dans ce Pays, choifirent S. Omer pour Evêque de Therouanne, & que c'eft à la pieté & à la liberalité des Rois de France que les Evêques de Therouanne devoient les droits & privileges dont ils joüiffoient, ne s'étant refervez que la qualité de Souverains. Ce n'eft donc point Baudouin qui eft leur Fondateur.

Malbranque, Collect. du P. Mariene, Tom. I.

D'ailleurs les Evêques, dans les tems où la difcipline a été la plus relâchée, n'ont pû de leur feule autorité, affranchir leurs Chapitres de leur Jurifdiction ; on a vû ci-deffus que le Concile de Conftance a anéanti toutes les exemptions données par les Evêques feuls ; il falloit fur cela le confentement des autres Evêques de la Province, l'autorité du S. Siege, & celle du Prince, comme on l'a établi ; toutes ces formes effentielles manqueroient ici à ce Privilege d'une pleine & entiere exemption qu'on fuppofe que le Chapitre auroit acquis de Baudouin.

4°. Quand ces termes *cum omnimoda libertate* auroient été contenus dans une Bulle du Pape, qui auroit été donnée précifément en faveur du Chapitre, dans ces tems, où les Chapitres obtenoient d'eux fi facilement des exemptions de la Jurifdiction des Ordinaires, on ne pourroit point encore en induire une exemption de la Jurifdiction Epifcopale ; c'eft ce qui a été jugé par les Arrêts, entr'autres par celui rendu en 1670. contre l'exemption prétenduë par le Chapitre de la Metropole de Sens, foit parce que ces termes, *cum omnimoda libertate*, ne concernoient que les biens temporels, foit parce qu'il faut ici, non un Titre équivoque & fufceptible de doute, mais précis, clair & formel, pour déranger l'ordre du Droit commun.

On voit donc l'illufion & le peu de bonne foi, ou l'ignorance extrême de ces Chanoines qui ofent employer le contenu de ce Martyrologe comme leur Titre conftitutif & primordial d'une exemption pleine & entiere de la Jurifdiction de leur Evêque, fur le fondement duquel, en remontant comme ils font à cette prétenduë exemption émanée de Baudouin, ils ne feignent point de dire à la page 5. de leur Requête, que *plus de 300 ans s'étoient écoulez fans que le Chapitre eût fouffert de contestation au fujet de fon exemption & de fes Privileges, lorfque Raymond lui en fit une en* 1337, autre trait d'ignorance & de mauvaife foi de leur part ; car comment le Chapitre pouvoit-il être en 1337. en poffeffion d'une exemption depuis plus de 300 ans, puifque ; 1°. Ils n'avoient ici avant 1337, rien qui énonça même une exemption. 2°. Il eft averé par l'Hiftoire de l'Eglife, qu'il n'y avoit eu aucun exemple de ces fortes de Privileges, à l'égard des Chapitres, avant le treiziéme fiecle.

Autre fauffeté evidente.

Preuves.

C'étoit juftement dans le quatorziéme fiecle, que prefque tous les Chapitres en-

reprenoient de fe dire exempts de la Jurifdiction des Ordinaires, que celui de Therouanne en 1337. s'eft remué auffi, & fit la tentative, à l'exemple des autres Chapitres, de foutenir non feulement qu'il étoit exempt de toute Jurifdiction & de toute fujetion de fon Evêque, mais encore qu'il avoit une Jurifdiction active, & droit
de correction & de punition fur les Chanoines & autres membres de l'Eglife, & fur
tous ceux qui demeuroient dans les maifons & cloître des Chanoines.

Quels étoient donc les Titres de cette prétenduë exemption? Ils difent que le
Chapitre les exhiba en ce tems là, mais il faudroit les repréfenter aujourd'hui;
étoient-ce des Bulles de Rome données du confentement de l'Evêque, & du Concile Provincial, & revêtuës de l'agrément du Roy? Rien moins que tout cela,
on n'en a pas dit un mot dans le tems, & on ne dit pas même encore aujourd'hui
qu'on ait jamais eu de pareils Titres; on n'en allegue point d'autre, que celui dont il
vient d'être parlé de la prétenduë Fondation de Baudouin dans le commencement
du onziéme fiecle, qui dégenere dans une illufion fi groffiere, qu'elle fait pitié.

Raymondine. Mais la preuve que le Chapitre étoit deftitué de tous Titres de cette exemption
alleguée de la Jurifdiction de fon Evêque, eft que par la Sentence arbitrale de 1337.
renduë par les deux Cardinaux Legats du Pape convenus pour arbitres, bien loin
que le Chapitre ait été déclaré exempt, il eft porté expreffément que l'*Evêque eft fon
Superieur immediat.*

Objection pue-
rile & abfurde. En vain épilogue-t'on fur ces termes, *tanquam Superiorem immediatum*, qui eft ré-
peté, en parlant de l'Evêque, en plufieurs endroits de la Sentence arbitrale, pour
prétendre que ce mot *tanquam* fignifie *comme s'il étoit*, & non pas *comme étant* Superieur immediat, cela eft tout-à-fait puerile & même abfurde, lorfqu'il s'agit
d'un Evêque, qui eft de droit commun le Superieur de fon Chapitre, & dans une
circonftance où le Chapitre foutenoit ne lui être point foumis.

Ainfi, lorfque les Arbitres le dénomment Superieur immediat, il eft clair qu'ils
jugent difertement en faveur du Droit commun, la Superiorité de leur Evêque,
contre leur vaine prétention d'une exemption dont ils n'avoient alors, & n'ont
jamais eû aucun Titre.

Jurifdiction
active accordée
par la Raymon-
dine. A l'egard de la Jurifdiction active, correction & punition que le Chapitre foutenoit avoir fur les Chanoines, Chapelains & autres Membres de l'Eglife, l'Evêque foutenoit qu'il n'en étoit rien, non plus que de l'exemption totale de la Jurifdiction Epifcopale: *Præfato Domino Epifcopo contrarium in omnibus afferente* porte
l'Acte.

En effet le Chapitre n'avoit pas plus de droit à une Jurifdiction active, qu'à fe
prétendre exempt de la Jurifdiction de fon Evêque; il n'avoit de Titres ni de l'une
ni de l'autre prétention, & il fuffifoit à l'Evêque qui étoit fondé en Droit commun, de fe tenir fur cela dans la negative; fon Titre étoit fon Bâton Paftoral. Neanmoins les Arbitres adjugent au Chapitre une Jurifdiction active.

Raifons pour
quoi elle a été
accordée. Mais il faut obferver qu'ils le font du exprès confentement de l'Evêque, pour
le bien de la paix & de la concorde: *pro bono pacis & concordia, & de expreffo con-
fenfu Domini Epifcopi*; cela eft expreffément porté par l'Acte.

Mais, dira-t'on, pourquoi l'Evêque relâche-t'il ainfi fes droits? Il y en avoit
une bonne raifon en ce tems-là, qui ne fubfifte plus aujourd'hui: C'eft que la
Seigneurie & toute Haute-Juftice de la Ville de Therouanne appartenoit à l'Evêché; cette Juftice étoit indivife entre l'Evêque & le Chapitre, ce qui étoit une
fource de Procez entr'eux; le cloître des Chanoines & les maifons qui en dépen-
doient, & tous ceux qui y habitoient, font attribuez par les Arbitres au Chapitre;
l'Evêque y confentoit pour fe procurer la paix. Et pour terminer fur cela tous les
autres differens, il voulut bien accorder un premier dégré de Jurifdiction fpirituelle au Chapitre fur fes Membres, en fe refervant le Reffort de l'une & de l'autre
Jurifdiction fpirituelle & temporelle; il quittoit en cela un fpirituel pour un temporel, cela n'étoit pas régulier, & fentoit la fimonie.

Explication de
la Raymondi-
ne. Ce qu'on expofe ici eft fi vrai, que voici le prononcé des Arbitres: *Declaramus
quod merum & mixtum imperium ac omnimoda Jurifdictio fpiritualis & temporalis fuper
Canonicos*, &c. Et 20 lignes plus bas, *ad præfatos Decanum & Capitulum . . . . perti-
nebit pleno jure . . . . & fi quis appellare voluerit, ad Epifcopum appellabitur tanquam Superiorem immediatum.*

On

On voit clairement par là, que les deux Jurisdictions spirituelle & temporelle, sont confonduës ensemble, & l'appel de toutes les deux devoit être porté à l'Evêque, comme Superieur immediat de l'une & de l'autre Jurisdiction.

L'Evêque n'étoit point auparavant Juge du Ressort de la Justice temporelle du Chapitre, elle ressortissoit au même Juge que celle qui appartenoit à l'Evêque ; voilà pourquoi il est dit que ce dégré de Jurisdiction n'auroit lieu que pour l'avenir.

C'est en récompense de ce Ressort que l'Evêque se reserve pour l'avenir, & aussi pour finir, par l'accommodement où est consenti devant les Arbitres, toutes les contestations sur la Justice temporelle, que l'Evêque cede au Chapitre un premier dégré de Jurisdiction spirituelle qu'il n'avoit pas.

Or comme ce Ressort de la Jurisdiction temporelle attribué à l'Evêque, paroissoit donner atteinte aux droits du Chapitre, dont la Justice temporelle devoit être égale à celle de l'Evêque, & ne ressortir qu'au Roy, comme celle de l'Evêque ; c'est ce qui donna lieu à la clause qui suit l'attribution de ce Ressort à l'Evêque, dont on abuse ici mal à propos, parce qu'elle ne concerne point la Juritdiction spirituelle : *Tamen per hæc verba immediatum Superiorem, non est intentionis prafati Episcopi, quod Decano & Capitulo, quoad merum & mixtum imperium ac Jurisdictionem omnimodam, ipsis competentem pro ut suprà, prajudicium in aliquo generetur.* Et en même tems il est dit aussi que cette déclaration de non-préjudice pour le Chapitre, ne pourra empêcher que l'Appel ne soit dévolu à l'Evêque, & qu'il n'en soit Juge.

Tout le reste de cette Sentence arbitrale qui est fort étenduë, contient une infinité de cas differens qui sont reglez entre les Parties, concernant la Jurisdiction temporelle, qu'il est assez difficile de comprendre, soit à cause du stile très-embarassé, dans lequel elle est conçuë ; soit encore plus, parce que nos usages dans l'exercice des Jurisdictions, ne conviennent en aucune maniere à ceux de ces tems-là, & à tout ce qui y est porté, où on voit que la Jurisdiction temporelle, avoit le même Tribunal que l'Ecclesiastique ; ce qui étoit aussi en usage en ce tems-là.

Ces reflexions font tomber tous les raisonnemens dans lesquels on s'étend si fort sur les termes de cette Piece, de laquelle on s'étudie, à force d'y répandre des obscuritez, à en faire éclore un Titre d'exemption en faveur du Chapitre, ce qui est si évidemment absurde, qu'on ne s'arrêtera pas à y répondre.

Voici seulement ce qu'il faut prendre de cette Piece,

1°. L'Evêque y est nommé Superieur immediat du Chapitre, non-seulement en ce qui regarde la Jurisdiction temporelle, mais aussi en ce qui concerne la spirituelle ; donc le Chapitre n'étoit point exempt de la Juritdiction de son Evêque.

2°. Ce Jugement est rendu du consentement exprès de l'Evêque, qui abandonne au Chapitre pour le bien de la paix, par les raisons qu'on a dites ci-dessus, un premier dégré de Jurisdiction spirituelle pour la correction des Chanoines, Chapelains & autres suppôts de l'Eglise, le Ressort expressément reservé à lui.

Cette Piece ne peut servir aujourd'hui qu'à ces deux objets ; tout ce qui est contenu au reste, est absolument inutile, & ne convient plus à l'état present des choses.

La Raymondine réduite, à deux objets. Le reste devenu inutile.

L'Evêque Raymond ayant prétendu depuis, que le Chapitre n'étoit point en droit d'avoir des Officiers, pour exercer la Jurisdiction correctionelle qu'il lui avoit bien voulu abandonner, le Chapitre n'ayant des Officiers établis aux termes de la premiere composition, que pour la Justice temporelle, cela donna lieu à l'Evêque de contester au Chapitre le premier dégré de Jurisdiction spirituelle, qu'il paroissoit lui avoir accordé ; sur cela il y eut une seconde Sentence arbitrale renduë par le Cardinal Guy ; qui confirme la premiere : elle permet au Chapitre d'avoir des Officiers pour exercer la Jurisdiction qui lui avoit été cedée. Voici les termes : *Compositum est in hunc modum videlicet quod dicti Decanus & Capitulum habebunt, si velint & eis placet, unum vel duos idoneos viros ex se ipsis aut aliunde députatos, ad quos Jurisdictio, correctio & punitio dictorum Decani & Capituli ... debent pertinere* ; il est ordonné en même tems, que les Appellations qui seront interjettées, de ceux qui seront députez par le Chapitre pour l'exercice de cette Jurisdiction, seront portées à l'Evêque : *tanquam ad Superiorem immediatum,* qui est encore une autre preuve que le Chapitre avoit eu tort de se dire exempt de la Jurisdiction Episcopale ; il ne s'agissoit même que de la Jurisdiction spirituelle dans ce second Jugement.

La Sentence du Cardinal Guy.

E

Le sieur Evêque de Boulogne observera ici, qu'il n'a nullement besoin de la composition de Raymond pour se dire Superieur immediat de son Chapitre : sa qualité d'Evêque lui suffit seule, c'est du Droit commun & de sa Crosse Pastorale qu'il tient tout son pouvoir & sa Jurisdiction sur le Chapitre ; celui-ci ne peut s'en dire exempt, qu'en vertu d'un Titre revêtu de ses formes ; il n'en avoit aucun lors de la composition de Raymond, cela est démontré, il n'en a jamais eû aucun depuis.

Ainsi le sieur Evêque de Boulogne faisoit ici grace au Chapitre, lorsqu'il vouloit bien executer cette ancienne composition, qui n'est utile qu'au Chapitre même, puisqu'il n'a point d'autre titre que cette Piece, d'un premier dégré de Jurisdiction sur ses Membres.

On fait grace aujourd'hui au Chapitre sur la Jurisdiction active, il n'en a plus de Titre.

Grace d'autant plus sensible ici, que les mêmes raisons qui ont porté l'Evêque Raymond, à les favoriser de ce premier dégré de Jurisdiction, ne subsistent plus aujourd'hui ; le Chapitre étoit en ce tems-là co-Seigneur avec l'Evêque de la Ville de Therouanne ; c'est à l'occasion de cette Seigneurie temporelle indivise, qui donnoit lieu à differens Procez entre l'Evêque Raymond & son Chapitre, que pour le bien de la paix, il leur a cédé un premier dégré de Jurisdiction spirituelle sur les Membres & Suppôts de l'Eglise ; ce qui n'étoit pas même canonique, comme on l'a dit.

Aujourd'hui le Chapitre n'a aucune Seigneurie temporelle dans la Ville de Boulogne, où l'Evêché se trouve transferé ; il ne peut plus donc y avoir de démêlé entre l'Evêque & le Chapitre ; tout ce qui est décidé sur cela par la Raymondine devient fort inutile ; ainsi il est clair que la Raymondine ne doit plus servir de Titre au Chapitre, pour le premier dégré de Jurisdiction qui lui y est attribué.

Cependant le sieur Evêque vouloit bien les en laisser joüir, à condition qu'ils l'executeroient de leur part, en ce qu'il y est nommé leur Superieur immediat ; & ils ont refusé de se soumettre à une condition aussi juste, c'est ce qui a donné lieu au sieur Evêque de Boulogne de conclure au Procez contr'eux, *que faute par le Chapitre d'executer de leur part, suivant leur serment, la Raymondine, ils seront déchûs & privez de ce premier dégré de Jurisdiction ;* conclusions justes, & qui dans les circonstances particulieres de la chicanne qui lui est faite ici au nom du Chapitre, sur sa qualité de Superieur immediat, lui doivent être adjugées.

Qu'un premier dégré de Jurisdiction active n'empêche pas qu'un Chapitre ne doive être déclaré soumis à la pleine & entiere Jurisdiction de son Evêque.

L'illusion & l'aveuglement des Chanoines de Boulogne va ici jusqu'à croire, que leur Evêque entre en contradiction avec lui-même, en ce que d'un côté il ne leur conteste pas un premier dégré de Jurisdiction, & de l'autre il demande à être maintenu & gardé aux droits & possession de toute superiorité immediate, visite & correction sur le Chapitre : & sur le fondement de cette prétenduë contradiction, qu'ils exposent à la page 6. de leur Requête, ils employent une façon de discourir fort éloignée du respect dû à leur Evêque ; & à la page 5. *si le Chapitre (disent-ils) a droit d'empêcher les Chanoines, Suppôts & autres Sujets ses justiciables, de reconnoître la Jurisdiction de l'Evêque, à plus forte raison le Chapitre ne peut-il y être soumis.*

Or il faut ici relever ces Chanoines de leur ignorance grossiere, & leur faire connoître, qu'ils n'ont point droit d'empêcher les Chanoines, Chapellains & autres Suppôts de l'Eglise, de reconnoître la Jurisdiction de leur Evêque.

Le Chapitre n'ayant aucun Titre, même coloré d'exemption de la Jurisdiction Episcopale, l'Evêque est bien fondé dans la premiere partie de ses conclusions, à être maintenu aux droits & possession de toute Jurisdiction, visite & correction, non-seulement sur le Chapitre en Corps, mais sur les Doyen, Chanoines & Chapellains & autres Suppôts de l'Eglise. Le premier dégré de Jurisdiction, dont l'Evêque vouloit bien avoir la bonté de laisser joüir son Chapitre, quoiqu'il n'en ait pas de veritable Titre, n'a rien d'opposé à cette Jurisdiction pleine & entiere qui lui appartient.

Car, 1o. En cas de negligence du Chapitre, de proceder à la punition & correction qui lui est laissée en premiere Instance, l'Evêque est en droit d'instruire & de juger en son Officialité.

2o. Il est en droit, comme Juge d'appel, de réformer & corriger les Jugemens émanez du Chapitre.

3o. Le droit de Visite ne peut lui estre contesté, non-seulement dans l'Eglise mais encore dans le cloître des Chanoines, & il peut alors ordonner, tant contre le Chapitre en Corps, que contre chacun des Membres du Chapitre & Suppôts de l'Eglise, de toutes les choses qui font de la Police ecclesiastique, & qui peuvent estre faites & instruites sur le champ, & sans formalité de Justice; & lorsqu'il trouve dans sa Visite matiere à instruire un Procès, il peut ordonner au Chapitre de le faire instruire, & de le juger en son Officialité, sauf l'Appel à lui, & le Chapitre est obligé d'executer l'Ordonnance de son Evêque.

On voit par là, que le premier dégré de Jurisdiction contentieuse qu'on laisse à un Chapitre, ne donne aucune atteinte à tous ces droits de l'Episcopat, sur celui qui n'est point exempt.

Et même les exemptions les plus autorisées, n'empêchent point la Superiorité immediate de l'Evêque en plusieurs cas: Elles ne le dépoüillent point de son droit de Visite dans les Eglises exemptes, & sur tous ceux qui les composent; c'est ce que les Saints Canons ont décidé; les Ordonnances du Royaume y sont conformes, l'article 18. de l'Edit de 1695. concernant la Jurisdiction ecclesiastique, y est exprès; comment donc pourroit-on contester ce droit de Visite sur un Chapitre, qui ne joüit d'aucune exemption, sous prétexte qu'on lui laisse un premier dégré de Jurisdiction contentieuse.

Les exempts font aussi soumis aux Evêques, en ce qui concerne la doctrine; & encore en tout ce qui regarde la Police publique & le bon ordre d'un Diocèse; ils ne font point distinguez sur cela des autres Diocesains, qui font soumis à la Jurisdiction episcopale, suivant le Droit commun.

Cependant on voit ces Chanoines de Boulogne qui ne joüissent d'aucune exemption, se plaindre ici d'une maniere fort indecente de leur Evêque, en ce qu'il leur a été ordonné par les Arrêts du Conseil d'Etat des années 1733. & 1734 d'executer son Ordonnance, qui rappelle l'execution des Statuts synodaux publiez en 1700. & en 1704. dans un tems où le mépris qu'ils ont fait de ces Statuts synodaux a causé un grand scandale arrivé dans leur Corps, qui a donné dans le mois dernier une Scene au Public à la Tournelle Criminelle.

Il est vrai que les exempts ne font pas soumis en tout, comme les autres à la Jurisdiction episcopale; mais aussi, c'est parce que le Chapitre de Boulogne n'a aucun Titre d'exemption, que leur Evêque conclud à estre maintenu aux droits de toute Jurisdiction sur eux, nonobstant le premier dégré de Jurisdiction contentieuse qu'il vouloit bien par grace leur laisser, à condition qu'ils executeroient la Raymondine, & qu'ils le reconnoîtroient leur Superieur immediat; ce qu'ils n'ont point fait, au contraire ils font tous leurs efforts pour attaquer sa Superiorité, qui ne tire pas son fondement de la Raymondine, comme ils se l'imaginent, mais qui en a d'autres infiniment plus solides, puisqu'elle est appuyée sur les Textes sacrez, & sur une Tradition toute sainte.

Et pour dessiller ici absolument les yeux de ces Chanoines obstinez contre leur Superieur, & leur faire voir que leur Evêque ne se contredit point dans les conclusions de ses Requestes; & n'a pas donné lieu à ces interrogations messeantes qu'ils lui font, en ne lui donnant pas même le nom d'Evêque; on les renvoyera ici, aux dispositifs des Arrests rendus contre plusieurs Chapitres, maintenus dans un premier dégré de Jurisdiction contentieuse, & déclarez en même tems soumis à toute Jurisdiction episcopale; on se contentera de rapporter le prononcé de deux de ces Arrests qui font au tome 6. des Memoires du Clergé.

L'un qui est au folio 502. rendu le deux Septembre 1670. contre le Chapitre de la Metropolle de Sens, porte » Ayant égard aux Lettres de rescision obtenuës par » ledit de Gondrin (qui étoit l'Archevêque) remet les Parties au même état, qu'elles » étoient avant les Transactions, Traitez, Concordats & autres Actes passez, tant » par ledit de Gondrin, que par ses Prédecesseurs Archevêques, avec lesdits Doyen, » Chanoines & Chapitre de Sens, concernant l'execution de la prétenduë Bulle, (elle étoit émanée de Clement VII. pendant le Schisme) » exemption & imme- » diation; & sans s'y arrester, a maintenu & gardé, maintient & garde ledit Arche- » vêque en la Jurisdiction & droit de visite dans l'Eglise de Sens & cloître des Cha- » noines, avec pouvoir d'ordonner de toutes choses qui font de la Police Ecclesiasti- » que, & qui pourront estre faites & instruites sur le champ & sans formalité de

» Juſtice ; comme auſſi aux mêmes droits de Viſite, Juriſdiction , Correction & Ac-
» tes en dépendants , ſur les Dignitez , Chanoines , Chapitre, Semiprebendés & au-
» tres Servans en ladite Egliſe … maintient ledit Archevêque au droit d'établir ſeul
» les Bedeaux & Marguilliers de ladite Egliſe.

Voici préſentement le prononcé du même Arreſt qui adjuge au Chapitre un premier dégré de Juriſdiction : » Maintient & garde leſdits Doyen , Chanoines & Cha-
» pitre de Sens , au droit de Juriſdiction dans l'Egliſe , Cloître & Chapitre deſdits
» Chanoines , & de Juriſdiction & correction ſur les Dignitez , Chanoines Semi-
» prebendés , Chapellains , Choriſtes , Marguilliers & Officiers réſidens dans le
» Cloître , & deſſervants continuellement ladite Egliſe Cathedrale , même en execu-
» tion des Ordonnances dudit Archevêque dans le cours de ſa Viſite , au cas où il
» ſera neceſſaire de proceder par les formes de Droit , & d'inſtruire un Procès , le
» tout en premiere Inſtance ſeulement , & à la charge de l'Appel pardevant ledit Ar-
» chevêque ou ſon Official ; ordonne que ledit Official dudit Chapitre ſera tenu d'in-
» former dans trois jours des délits commis par leſdites Dignitez , Chanoines , Se-
» miprebendés , Chapellains, Choriſtes, Marguilliers & Officiers reſidents dans le
» Cloître & deſſervants ladite Egliſe , d'inſtruire & juger les Procez dans les délais
» de l'Ordonnance ; autrement & à faute de ce faire dans ledit tems , & icelui paſſé,
» pourront leſdits Archevêque ou ſon Official informer, inſtruire & juger les Pro-
» cez ſans que les Accuſez puiſſent demander leur renvoy.

Au folio 511. des mêmes Mémoires eſt le prononcé d'un autre Arrêt rendu le 9.
Mai 1671. au profit de l'Evêque de Laon contre le Chapitre de l'Egliſe Collegiale
de Rozoy , qui ſe diſoit exempt. » Ayant égard aux Lettres de reſciſion obtenuës
» par ledit Evêque de Laon , a remis les Parties en l'état qu'elles étoient avant la
» Tranſaction de 1407. ce faiſant , maintient & garde ledit Evêque aux droits de
» Juriſdiction , viſite & correction dans ladite Egliſe de Rozoy , & ſur leſdits Doyen,
» Chanoines & Chapitre , & autres Ecclefiaſtiques en dépendans , avec pouvoir de
» régler , ſtatuer & ordonner de toutes les choſes qui regardent le Service divin,
» leurs mœurs & la Police Ecclefiaſtique.

» Maintient & garde leſdits Doyen , Chanoines & Chapitre aux droits de Juriſ-
» diction & correction dans ladite Egliſe, Cloître & Chapitre , Chapelains & autres
» Ecclefiaſtiques & Officiers ſervans continuellement en ladite Egliſe , même en
» exécution des Ordonnances dudit Evêque , aux cas eſquels il ſera neceſſaire de
» procéder par les formes de Droit , & d'inſtruire un Procès , tout en premiere
» Inſtance ſeulement , & à la charge de l'appel pardevant ledit Evêque ou ſon Of-
» ficial ; ordonne que l'Official dudit Chapitre ſera tenu d'informer dans trois jours
» en cas de délits commis par leſdits Doyen , Chanoines & Chapelains , & autres
» Officiers ſervans en ladite Egliſe , & d'inſtruire & juger dans les délais de l'Or-
» donnance , ſinon & à faute de ce faire dans ledit tems & icelui paſſé, pourront
» ledit Evêque , ou ſon Official , informer, inſtruire & juger les Procès , ſans que
» les accuſés ni leſdits Doyen , Chanoines & Chapitre puiſſent en demander le
» renvoi.

L'Arrêt du 4. Septembre 1684. au même tome des Mémoires du Clergé folio
550. rendu contre le Chapitre d'Angoulême déclaré non exempt, & maintenu dans
un premier dégré de Juriſdiction , contient préciſément les mêmes diſpoſitions que
les deux Arrêts ci-deſſus.

Or la fauſſe idée dans laquelle ſont , ou affectent d'être les Chanoines de Boulogne , qui confondent ici enſemble deux choſes bien différentes ; ſçavoir l'exemption
de la Juriſdiction Epiſcopale , & un premier dégré de Juriſdiction contentieuſe laiſ-
ſée à un Chapitre, leur a ſervi de prétexte à embarraſſer mal à propos , comme ils
ont fait , l'inſtance d'un grand nombre de pièces fort inutiles , qui ne ſervent qu'à
prouver l'exercice où a été le Chapitre d'une Juriſdiction ſur les Doyen , Chanoines & autres Membres de l'Egliſe , ce qui n'eſt pas le ſujet de la conteſtation ; on
convient de leur poſſeſſion à cet égard , d'un droit qu'ils ne tiennent qu'en vertu
de la Raymondine , qu'ils refuſent d'exécuter en ce qui regarde le reſſort de cette
Juriſdiction à l'Evêque , comme à leur Supérieur immédiat ; c'eſt ce qui a obligé
le Sieur Evêque de conclure contr'eux , ſans attaquer leur poſſeſſion pour le paſſé,
à ce que le Chapitre ſoit déchû de ce premier dégré de Juriſdiction.

Mais

Mais examinons préfentement à quel Supérieur ils prétendent que cette Jurif- *Reffort de ce*
diction correctionnelle, dont on les a laiffé joüir paifiblement depuis la Raymon- *premier dégré*
dine, doit reffortir ; c'eft ici où ils montrent une contradiction avec eux-mêmes , *de Jurifdiction.*
& en même-tems un étrange égarement dans le fait & dans le Droit. Suivons les *A qui.*
dans leur Requête.

Ils difent au folio 4. *Le Chapitre de Therouanne dépendoit immédiatement du Saint* *Contradictions*
Siége. Et au folio 7. *De tout tems, les appels des Sentences du Chapitre ont été portées* *& abfurdités fur*
devant M. l'Archevéque de Reims. Et au folio 9. *Le Chapitre de Therouanne, loin de dé-* *ce des Chanoi-*
pendre de l'Evéque , n'avoit pas même reconnu l'Archevéque de Reims comme Supérieur ; *nes.*
jufqu'au quinziéme fiécle , il dépendoit immédiatement du Saint Siége. Ils s'apperçoivent
de la contradiction ; & pour fe concilier avec eux-mêmes , voici ce qu'ils difent au
folio 12. fur la fin : *Que le Chapitre n'avoit reconnu jufqu'au quinziéme fiécle d'autre*
Supérieur que le Saint Siége ; & quoique (ajoûtent-ils) *l'appel de fes Sentences fut depuis*
long-tems porté devant l'Archevéque de Reims , comme feul Juge de reffort (fait faux
qu'on fuppofe ici) *le Chapitre ne le reconnoiffoit point encore pour Supérieur.* Contradiction évidente, le Juge de reffort eft toûjours le Supérieur. *Mais foit qu'il ait paru*
au Chapitre plus commode de ne plus recourir à Rome , & de reconnoître l'Archevéque de
Reims , alors Legat du Saint Siége , pour fon Supérieur (il a donc dépendu d'eux de
fe donner un Supérieur) *foit qu'il ait été obligé d'avoir un Supérieur en France , comme*
il eft arrivé à plufieurs autres Chapitres exempts , foit enfin que l'Archevéque de Reims
l'ait obligé de fe conformer aux autres Chapitres de la Province , & de le reconnoître pour
Supérieur (où font les preuves de ces faits) *depuis ce tems, le Chapitre reconnoît l'Ar-*
chevéque comme fon feul Supérieur immédiat.

Voilà un fiftème fi mal ordonné , qu'il fe détruit par lui-même ; les abfurdités ,
les fauffetés & les contradictions qu'il renferme , font autant de preuves bien claires
de cet efprit d'indépendance de tout Supérieur, qui fait ici mouvoir ces Chanoines
difcoles.

Le Chapitre , felon eux , *dépendoit immédiatement du Saint Siége , cela a duré juf-*
qu'au quinziéme fiécle. Où font donc les Bulles qui leur donnoient ce privilege ? Il
faut ici qu'elles foient bien anciennes, elles doivent être du tems de Baudouin Evêque de Therouanne , qui eft mort en 1030. puifque c'eft là où ils font remonter
l'époque de leur exemption , qu'ils prétendent tenir de la fondation de Baudouin.

1°. Baudouin eft-il même Fondateur (comme ils le difent) des Prébendes ? On a *Abfurde que*
vû ci-deffus qu'ils en impofent fur cela à la vérité ; à s'en tenir même à l'é- *l'Evéque Bau-*
noncé de ce Martyrologe imprimé en 1694. qui eft la feule piéce, qu'ils employent *douin les ait*
ici de cette prétenduë fondation. *affranchi.*

2°. L'Evéque Baudouin a-t-il affranchi les Chanoines de fa Jurifdiction ? Il n'y
a pas un mot de cela dans l'énoncé de ce Martyrologe , qui d'ailleurs ne feroit aucune foi fur cela.

3°. Il n'y a point eu d'exemples d'exemptions des Chapitres , que plus de deux
fiécles après la mort de Baudouin ; comment donc pouvoir feindre ici , qu'il eût
fondé fon Chapitre , en bleffant ainfi les faintes régles de la Hierarchie, qui étoient
en pleine vigueur de fon tems , & que contre la difpofition des Canons , il eût tranf-
porté lui-même , au-delà des Monts, l'obéïffance de fes propres enfans, qui lui étoient
même redevables ici (felon eux) de tout leur temporel ? Etoit-il de fa piété d'en
ufer ainfi ? A quel propos l'auroit-il fait ? Quelle en pouvoit être la raifon ? Le pouvoit-il même faire de fon autorité , & donner un fi mauvais exemple de fon tems , où
de pareilles infractions des faintes Régles, n'étoient pas même connuës ? *Nec nomi-*
nabantur.

C'eft s'arrêter ici trop long-tems à une illufion fi groffiere , fur laquelle néanmoins eft bâti tout l'édifice de l'exemption prétenduë ; car c'eft fur le fondement *Preuves de la*
unique de ce qu'ils attribuënt à Baudouin , qu'ils difent hardiment , *qu'il y avoit* *fauffeté de l'im-*
plus de 300. ans qu'ils joüiffoient paifiblement de ce privilege, lorfqu'il leur fut contefté par *médiation au*
Raymond, Evefque de Therouanne , Menfonge évident , prouvé même ici par ce qui fe *Saint Siége.*
paffa du tems de Raymond , fur leur tentative de fe dire exempts , qui étoit fi defti-
tuée de raifon , qu'on n'y fit pas même attention ; les arbitres décident fimplement
que l'Evéque étoit *leur Supérieur immédiat.*

Ont-ils parlé en ce tems-là , qu'ils ne relevoient que de Rome ? Ils n'en difent pas

F

le mot ; cependant à les entendre aujourd'hui , il y avoit dès lors 300. ans & plus, qu'ils ne reconnoissoient point d'autre Supérieur que le Saint Siége. Autre supposition qui manque de bonne foi.

1°. Par les Raymondines. En effet, la Raymondine leur accorde un premier dégré de Jurisdiction qu'ils n'avoient point auparavant , à la charge expresse de l'appel à l'Evêque, comme leur Supérieur immédiat : auront-ils profité de la grace, & en même-tems franchi les termes dans lesquels elle leur a été accordée , en se disant ne relever que du Saint Siége ? Raimond leur Evêque , l'auroit-il souffert ? lui qui leur contesta même ce premier dégré de Jurisdiction , depuis qu'il le leur avoit accordé ; ce qui donna lieu à une seconde Sentence arbitrale , où il est encore déclaré *leur Supérieur immédiat , & leur Juge de ressort.* Voit-on qu'ils se soient jamais plaints en cela ni de la premiere ni de la seconde Sentence , & qu'ils ayent réclamé alors le Pape comme leur Supérieur immédiat ? Elles étoient toutes deux renduës du consentement des Parties , qui est encore une preuve bien positive, que de leur propre aveu alors, ils ne connoissoient point d'autre Supérieur immédiat que leur Evêque : Quel tissu d'illusions & de déguisemens de la verité ne rassemble-t'on donc pas ici ?

2°. Par la Bulle de Gregoire X. Comment accorderont-ils encore cette immédiation au Saint Siége , avec la Bulle qu'ils raportent de Grégoire X. de 1274. antérieure à la Raymondine ? Ils prétendent qu'elle leur est favorable sur cela , & ils se trompent encore lourdement ; ils ne produisent point cette Bulle en forme probante , mais seulement en un vieux manuscrit , même informe , dont on ne laissera pas d'argumenter contre eux. Elle porte expressément que l'Eglise de Therouanne étant dénuée de Pasteur, *Ecclesia Morinensi Pastoris solatio destituta,* il est nécessaire de remédier promptement à plusieurs désordres , pour quoi le Pape nomme l'Evêque de Cambrai & l'Archidiacre d'Arras pour y faire la visite : le Pape n'étoit donc pas leur Supérieur immédiat ; il reconnoît, au contraire , que c'étoit l'Evêque qui l'étoit , puisqu'il ne délegue pour les visiter , que parce qu'il n'y avoit point alors d'Evêque.

3°. Par la qualité des arbitres de Légats du S. Siége. Comment accorderont-ils encore cette dépendance immédiate du Saint Siége , avec ce qui étoit porté par les deux Sentences arbitrales , renduës du tems de Raymond , par trois Cardinaux , Légats du S. Siége ? Ces Légats auroient-ils déclaré l'Evêque de Therouanne Supérieur immédiat du Chapitre , au préjudice de la supériorité qui auroit appartenuë depuis trois siécles & plus au Saint Siége ?

4°. Par la Bulle de Clement VI. Ces deux Sentences arbitrales se trouvent confirmées & autorisées par la Bulle de Clement VI. de l'an 1344 dans laquelle elles sont transcrites ; n'est-ce pas là une preuve bien positive que le Pape ne les reconnoissoit point lui-même, pour des ouailles qui lui appartinssent immédiatement.

5°. Par la Transaction de 1366. Comment accorderont-ils cette immédiation au Saint Siége avec la Transaction qui fut passée en 1366. entre le Chapitre & Robert de Genéve , lors Evêque de Therouanne , & qui fut depuis élû Pape pendant le schisme , sous le nom de Clement VII ? Le Chapitre se plaignoit que ses prédécesseurs Evêques avoient fait différentes entreprises sur sa Jurisdiction , tant spirituelle que temporelle , contre ce qui avoit été réglé & arrêté par la composition de Raymond , autorisée & confirmée par le Saint Siége : *Nosque Decanus & Capitulum proponebamus multa contra nos & Jurisdictionem nostram .... contra tenorem cujusdam compositionis olim inter Reverendum Dominum Raymundum .... & per Sedem Apostolicam confirmata attentata.* L'Evêque se plaignoit aussi de plusieurs entreprises du Chapitre , contre les termes de la composition de Raymond ; sur quoi les deux Parties transigent , en consentant respectivement la nullité de ce qui avoit été fait de part & d'autre , contraire à la composition , & ils s'obligent l'un & l'autre de l'exécuter à l'avenir inviolablement : *Quodque dicta compositio inviolabiliter de cætero observetur.*

Homologuée par Arrêt. Cette Transaction a été homologuée & confirmée par Arrêt du 16. Mars 1366. du consentement de toutes les Parties.

Or si le Chapitre avoit refusé pour lors de reconnoître l'Evêque pour son Supérieur immédiat , l'Evêque auroit-il manqué d'en faire mention dans les plaintes qu'il énonce des entreprises faites par le Chapitre , au préjudice de sa Jurisdiction , & de ce qui étoit porté par la Raymondine ? Et le Chapitre lui-même se seroit-il soumis , comme il fait par cet Acte , à l'observer à l'avenir inviolablement , par conséquent à reconnoître l'Evêque pour son Supérieur immédiat , comme il l'avoit été en effet de tout tems, indépendamment de la Raymondine, qui ne lui donnoit point à cet égard un droit nouveau ?

Les Chanoines produisent en vain une Bulle de Clement-VII. qu'on sçait qui a donné pendant le schisme plusieurs Bulles d'exemption à des Chapitres, qui ont été anéanties par le Concile de Constance, & déclarées abusives toutes les fois qu'il en a paru en Justice. *Inutilité de la Bulle de Clement VII.*

Ce Pape qui avoit été Evêque de Therouanne, ne suppose pas le Chapitre exempt, il en connoissoit trop l'état par lui-même; il ne lui accorda qu'une Bulle de protection pour ses biens temporels qui étoient usurpés: les termes de cette Bulle y sont précis; elle n'a même été mise sur cela à exécution que 118. ans après, & pour le temporel seulement; quelle induction peut-on tirer de là? N'est-il pas certain d'ailleurs que ces Bulles de protection n'ont jamais servi à prouver une exemption? il y en a des dispositions précises en Droit, & les Arrêts l'ont perpétuellement ainsi jugé.

Or en écartant ici cette Bulle inutile, qu'ils ne rapportent pas même en forme, peuvent-ils aujourd'hui se dispenser de reconnoître cette supériorité immédiate de leur Evêque, sans se pourvoir contre la Transaction de 1365. & en même-tems contre l'Arrêt du Parlement de 1366. qui l'homologue, & sans attaquer aussi par une voye de droit les deux Sentences arbitrales qui avoient été renduës du consentement des Parties entre Raymond & le Chapitre? Ils n'osent pas l'entreprendre, parce qu'ils s'y trouveroient évidemment non-recevables, & d'autant plus mal fondés que tous ces titres sont conformes au Droit commun. *Supériorité immédiate de l'Evêque prouvée invinciblement dessus, & encore par ce qui suit.*

On leur opposeroit aussi la religion du serment qu'ils ont tous fait, la main sur les saints Evangiles, d'observer la Raymondine. *1°. Par leur serment.*

On leur opposeroit encore la Bulle d'érection de l'Evêché de Boulogne de 1566. qui est le titre de la fondation de l'état présent de l'Eglise, suivant lequel la Jurisdiction de l'Evêque n'y reçoit aucunes bornes, & y est conservée en son entier, non seulement sur le Diocese, mais sur le Chapitre même; on y attribue à l'Evêque le droit de présider: *Illi præsit .... evellat, destruat, plantet, erigat, ædificet, omniaque & singula jura Episcopalia habeat & exerceat.* Il n'y a aucune restriction, ni exception à l'autorité Episcopale; on n'y reconnoît aucunes traces d'une exemption, encore moins d'une immédiation au Saint Siége, à l'égard du Chapitre de la Cathédrale, qui est la principale portion du Diocese; on n'y donne point en même-tems à l'Archevêque de Reims d'autre droit que celui qui lui appartient de droit commun en qualité de Métropolitain: *Erigimus,* dit le Pape, *in Ecclesiam Cathedralem Remensis Archiepiscopi suffraganeam futuram.* L'Eglise de Boulogne n'y doit être que suffragante de Reims; par conséquent M. l'Archevêque de Reims n'y a aucune Jurisdiction immédiate. *2°. Par la Bulle d'érection de l'Evêché.*

On leur opposeroit encore la Sentence arbitrale renduë en 1575. entre M. de Dormi, premier Evêque de Boulogne, & le Chapitre. Cet Evêque ne vouloit pas reconnoître un premier dégré de Jurisdiction au Chapitre; les arbitres se sont sur cela conformés à la Raymondine: voici les termes de leur prononcé. » Le droit » de Justice & de supériorité appartiendra à l'Evêque, fors & excepté ès maisons, » logis & Cloître du Chapitre, qui demeureront à la Jurisdiction & correction du » Chapitre, en ensuivant la composition de Raymond, jadis Evêque de Therouanne. *3°. Par la Sentence arbitrale de 1575.*

Ces arbitres confirment la supériorité de l'Evêque; mais en ce qui regarde le premier dégré de Jurisdiction qu'ils laissent au Chapitre, l'Evêque ne s'y est pas bien défendu; la Raymondine qui avoit été renduë dans le tems que le Chapitre jouïssoit d'une Justice temporelle à Therouanne, n'avoit plus d'application à l'état présent du Chapitre, qui n'a plus à Boulogne aucune Jurisdiction temporelle.

Et quoi qu'un Evêque n'ait pas besoin de justifier aucune possession de sa supériorité immédiate, parce que son droit à cet égard ne peut jamais être prescrit, par ceux qui sont de droit commun ses inférieurs, comme il a été établi ci-dessus, & qu'il a même été jugé par les Arrêts rendus contre les Chapitres de Sens, Chartres, Tours, S. Quentin, Peronne & tant d'autres, on leur opposeroit plusieurs actes d'exercice public & paisible de cette supériorité immédiate de l'Evêque sur son Chapitre, dans le détail desquels on ne s'engagera point ici, pour ne point embarrasser davantage une Instance, qui est déja trop chargée, & qui est en elle-même toute simple. *4°. Par la possession où ont été de tout tems les Evêques.*

On leur oppoferoit une Sentence renduë aux Requêtes du Palais le 27. Juillet 1719. qui, quoique par défaut, a paffée contr'eux en force de chofe jugée ; elle leur a été fignifiée, fans qu'ils y ayent formé oppofition ; ils avoient néanmoins grand intérêt de le faire, s'ils avoient crû en avoir un bon fuccès. M. de Langle, alors Evêque de Boulogne, ayant reçû une infulte de la part du Chapitre, qui lui avoit fermé les portes du Chœur, & l'avoit empêché d'y entrer lorfqu'il s'y préfenta pour faire fon Ordination, revêtu de fes habits Pontificaux, & accompagné de fes Ordinans, le fit affigner aux Requêtes du Palais, où intervint la Sentence ci-deffus dattée, qui » donne acte à l'Evêque de l'infulte à lui faite ; & fans avoir égard à » l'exemption prétenduë par le Chapitre, maintient & garde l'Evêque en droit & » poffeffion d'exercer toute Jurifdiction dans fon Eglife Cathédrale, même toute vi- » fite & correction fur les Doyen, Chanoines, Chapitre & Officiers fervans dans » ladite Eglife ; fait défenfes au Chapitre de l'y troubler ; pour l'avoir fait, le con- » damne en 3000. livres de dommages & intérêts, & en tous les dépens, ce qui » feroit exécuté nonobftant oppofition ou appellation quelconque.

Il faut obferver que Me Chevalier, Avocat, qui étoit chargé de la caufe du Chapitre, avoit communiqué à Me Quillet de Blaru, Avocat de l'Evêque, un fort gros fac de piéces, qui font les mêmes que les Chanoines employent aujourd'hui dans leur production. En effet, elles ont été compulfées toutes en 1719. & ce font celles qu'on rapporte à préfent ; on répondit au Chapitre par un Acte, que toutes ces piéces ayant été examinées, on lui déclare qu'on n'y en trouve pas une feule qui puiffe faire préjudice au droit de l'Evêque, & qu'on remettra le fac dans le jour à Me Chevalier, leur Avocat, qui trouva la caufe fi mauvaife, qu'il ne voulut point la plaider ; c'eft pourquoi le jugement intervint par deffaut.

Le Chapitre n'ayant donc ici aucun Titre d'exemption de la Jurifdiction de fon Evêque, & au contraire l'Evêque fe trouvant muni d'un fi grand nombre de Titres authentiques qui lui affurent, par l'érection même de fon Evêché, le droit qu'il a déja par lui-même en fa qualité d'Evêque, quel prétexte certains Chanoines, contre l'avis de la plus faine partie du Chapitre, peuvent-ils avoir de ne reconnoître que le Métropolitain pour leur Supérieur immédiat ? Ils ne le font ici que fur le fondement d'une exemption, & ils ne le peuvent faire autrement : or il eft bien démontré qu'ils n'en ont aucune ; & au contraire, tout prouve qu'ils ont été dans tous les tems fous la Jurifdiction immédiate de leur Evêque ; ils n'ofent même fe pourvoir contre les Titres dont il a été parlé ci-deffus, qui fubfiftent par conféquent dans toute leur force, & qui produifent contre eux des fins de non-recevoir infurmontables.

En vain excipent-ils ici des prérogatives dont jouit la Métropole de Reims ; fur les autres Chapitres des Eglifes Suffragantes ; car cela dépend des Titres particuliers de ces Chapitres que nous n'avons point à difcuter. L'illuftre Cardinal de Lorraine, Archevêque de Reims, n'approuvoit pas ces fortes de Priviléges, auxquels il renonçoit volontiers, en fe conformant fur cela au Concile de Trente, comme on l'a vû par les Actes du Concile Provincial de Reims de 1564, dont on a rendu compte ci-deffus ; ils apprennent que M. de Dormi étoit dans une erreur fur le contenu de ce Concile, lorfqu'il interjetta appel comme d'abus de prétendus Arrêtés de ce Concile, contenant, difoit-on, que les Chapitres Cathedraux feroient exempts de la Jurifdiction des Ordinaires, ce qui étoit très-faux.

Mais quoiqu'il en foit, il ne faut pas confondre ici l'Eglife de Boulogne avec les autres Eglifes Suffragantes de Reims ; l'Eglife de Therouanne étoit auffi de la Métropole de Reims ; cependant on vient de voir que le Chapitre étoit foumis à la Jurifdiction immédiate de fon Evêque. La Bulle d'érection de l'Evêché de Boulogne, n'attribuë à M. l'Archevêque de Reims, que les droits qui lui appartiennent en qualité de Métropolitain, & rien au-delà ; or en cette qualité il n'a point à Boulogne de Jurifdiction immédiate, elle appartient à l'Evêque.

Les Chanoines veulent ici que les Appels de leurs Sentences reffortiffent à Reims, contre les termes précis de la Raymondine, qui eft le feul Titre qui leur attribuë un premier degré de Jurifdiction correctionnelle ; contre l'ordre hierarchique, qui ne permet pas de fe pourvoir ainfi au Métropolitain, ni même au Pape, omiffo medio. La

Pragmatique

Pragmatique Sanction, Titre *de Caufis*, §. *de Appellationibus*, en contient une difpofition expreffe, ce qui a été rappellé par le Concordat au Titre II. *de Appellationibus*:
ces Loix du Royaume veulent qu'on fe pourvoye *ad immediatum Superiorem*; tout ce
qui s'entreprendroit au contraire eft un abus, qu'aucune poffeffion, ni aucune coûtume ne peuvent authorifer, parce qu'on ne prefcrit point contre l'ordre de la fainte
Hierarchie, maintenu ici par les Loix du Royaume.

Ainfi, fi les Chanoines prétendent que quelques Appels de leurs Sentences ont été
relevés a Reims, outre que ce font des Actes clandeftins, faits à l'infçû des Evêques,
quelle conféquence en peuvent-ils tirer contre la difpofition précife des faints Canons, & des Loix publiques qui auroient été par eux en cela violés? Leur Superieur
immédiat étant l'Evêque, puifqu'ils ne font point exempts de fa Jurifdiction, on ne
peut fe pourvoir d'abord que devant lui contre leurs Sentences, quand même le
reffort ne lui auroit point été fi expreffément attribué, comme il l'a été par le Titre
même conftitutif de leur premier dégré de Jurifdiction, contre lequel encore ils ne
peuvent prefcrire, non plus que contre la religion de leur ferment, par lequel ils fe font
engagés d'obferver la Raymondine; ce feroit ici prefcrire contre toutes les Loix divi-
nes & humaines.

En vain objectent-ils le droit des Décretales, où ils difent, que l'ufage de l'Archevêque de Reims, de connoître, *omiffo medio*, des Appels des Sentences rendues par
les Prelats inferieurs aux Evêques fes Suffragans, eft authorifé; & ils citent fur
cela le Chap. 7 aux Décretales *de Prebendis*, & le Chap. *Romana. de Appellationibus*
in 6°.

La Glofe fur le Chap. *Romana*, après avoir pofé le principe géneral, que l'Appel
doit être porté à l'Evêque, & non à l'Archevêque, *omiffo medio*, ajoûte: *Valeret tamen
contraria confuetudo, ut quis appellaret à Prælato inferioris Epifcopi ad Archiepifcopum:
nam cùm confuetudo det jurifdictionem non habenti, multò magis poteft jurifdictionem pro-
rogare habenti.* Mais ce principe de la Glofe, qui eft celui des Ultramontains, n'eft
qu'un paradoxe parmi nous, depuis la difpofition précife du Concordat & de la Pragmatique Sanction, qui ne permettent plus de porter les Appels, *omiffo medio*, foit aux
Archevêques, foit même au Pape; ainfi la coûtume contraire ne peut plus être re-
gardée que comme un abus.

Pour authorifer l'Archevêque de Reims à connoître des Appels au préjudice des
Evêques, il faut que les Chapitres foient exempts de leurs Ordinaires, auquel cas il
devient le Superieur immédiat; mais c'eft ce qui ne fe rencontre point ici à l'égard
du Chapitre de Boulogne, puifqu'il eft foûmis à la Jurifdiction de fon Evêque.

De plus, l'Archevêque de Reims n'a jamais été dans l'ufage de connoître en premiere inftance des Appels de la Jurifdiction du Chapitre; il n'y étoit pas dans le
tems de ces difpofitions de droit qui authorifent la coûtume à fon égard, puifqu'alors
le Chapitre de Theroüanne n'avoit encore aucun dégré de Jurifdiction ecclefiaftique,
qu'il n'a acquis que par la Raymondine en 1337. bien pofterieure au droit des Décretales.

Les Chanoines au fol. 8. de leur Requête, tiennent un langage qu'on leur défie de
concilier avec eux-mêmes; voici leurs paroles: *C'eft conformément à ce droit des Décretales qui étoit en ufage alors, que les Arbitres déferent par la Raymondine l'Appel des
Sentences du Chapitre à l'Evêque de Theroüanne; mais ces deux Cardinaux, Legats du Saint
Siége, n'étoient fans doute pas informés de l'ufage de l'Archevêché de Reims.*

Sans s'arrêter à la contradiction qu'on remarque ici, qui n'eft pas la feule dans
laquelle ils tombent, comme on l'a vû, on ne comprend pas comment le Chapitre
ofe avancer que trois Cardinaux Légats *à latere* qui étoient dans la Métropolle de
Reims, ignoraffent les Priviléges de cette Métropolle; & que Les Chanoines eux-
mêmes, qui vouloient fe fouftraire de la dépendance de leur Evêque, ne les
euffent pas repréfentés. Mais les Priviléges n'étoient autorifés par les Décretales,
que fur la coûtume, laquelle ne pouvoit être appliquée à la Jurifdiction du Chapitre de Theroüane, qui étoit naiffante fous ces Cardinaux; parce que c'eft une
régle de l'un & de l'autre Droit Canonique & civil, qu'on n'étend point la coûtume au-delà de fes bornes; principalement, lorfqu'elle eft contraire au Droit commun, comme eft celle de connoître des Appels, *omiffo medio; tantùm præfcriptum*
à cet égard *quantùm poffeffum*: ainfi c'eft conformément aux Décretales que les Arbitres Légats du Pape, ont laiffé le reffort à l'Evêque.

Marginal notes:

3°. Les Appels, *omiffo medio*, reçus par les Décretales, abrogés parmi nous.

4°. La coûtume de l'Eglife de Reims n'a jamais eu lieu à Boulogne.

On n'étend point la coûtume au-delà de fes bornes.

G

26

Les Titres de
chaque Eglise
font leur loi.

5°. Tout prou-
ve ici contre le
droit du reſſort
à Reims.

2°. Pluſieurs
différences en-
tre l'Egliſe de
Boulogne & les
autres Egliſes
Suffragantes de
Reims.

Et ils ne pouvoient même prendre un autre parti, parce que cette Juriſdiction
venoit de la conceſſion expreſſe de l'Evêque, qui s'en eſt en même tems réſervé
le reſſort; on ne pouvoit pas diviſer ſon conſentement. Ainſi il eſt inutile ici de
rapporter des exemples des autres Egliſes Suffragantes de Reims; les Titres & les
uſages ſont particuliers à chaque Egliſe, & on ne peut pas les étendre de l'une à
l'autre, ſans confondre des droits qui ſont abſolument diſtincts & ſéparés.

Les Chanoines de Boulogne nous diſent eux-mêmes que juſqu'au quinziéme ſiécle, ils n'ont point reconnu M. l'Archevêque de Reims pour leur Superieur immédiat, ainſi il faut qu'ils avoüent qu'avant & depuis la Raymondine juſqu'à ce quinziéme ſiécle, c'étoit l'Evêque Dioceſain qui étoit leur Superieur immédiat; car leur
immédiation au S. Siége, auſſi-bien que leur prétenduë exemption, paroiſſent ici ſi
éloignées du vrai, qu'on ne croit pas qu'ils oſent encore inſiſter dans ces phantômes
qu'ils avoient élevés avec tant de peine.

Mais pourquoi dans le quinziéme ſiécle auroient-ils changé de Superieur, c'eſt-à-
dire, quitté leur Evêque, pour ne plus reconnoître que le Métropolitain? Qu'ils nous
expliquent à quel titre ce changement s'eſt pû faire? Car c'eſt ici une énigme qui ne
peut ſe concilier, avec ce qui s'eſt paſſé dans tous les ſiécles précédens le quinziéme,
& dans les ſuivans; puiſque tous les Actes & Titres qu'on a ci-deſſus rapportés, dé-
montrent que le Chapitre a toûjours été ſoûmis immédiatement à ſon Evêque.

Les Chapitres des autres Egliſes Suffragantes de Reims ſont dans un cas tout diffé-
rent; ils ſont exempts de la Juriſdiction des Evêques, ils en ont apparemment de
bons Titres, puiſqu'ils ne ſont point attaqués: or étant exempts, & ne reconnoiſſant
que M. l'Archevêque de Reims pour leur Superieur immédiat, il ne ſe paſſe rien de
contraire au Concordat & à la Pragmatique Sanction, lorſque les Appels de leurs
Sentences ſont portés à Reims: ainſi ce n'eſt point ici un droit pris des Décretales
que M. l'Archevêque de Reims exerce, il n'agit qu'en ſa qualité de Superieur immédiat de ces Chapitres, conformément aux regles ordinaires en matiere d'Appels.

Outre cette différence eſſentielle entre ces Egliſes & celle de Boulogne, qui ſeule
eſt ſuffiſante, en voici encore d'autres.

Le Sieur Evêque de Boulogne eſt le Collateur du Doyenné de ſon Egliſe ſur la
préſentation du Chapitre; il lui donne l'inſtitution pour le régime des ames, au lieu
que dans les autres Egliſes Suffragantes de Reims, le Doyen reçoit ſes pouvoirs de
M. l'Archevêque de Reims.

A Boulogne, le Doyen qui eſt le Curé de tous les Chanoines, Chapelains & autres Suppôts de l'Egliſe Cathedrale, eſt obligé par la Raymondine d'aſſiſter aux Synodes généraux du Dioceſe, pour en recevoir de la main du Sieur Evêque les Statuts, & les faire executer par ceux dont il a la charge des ames; l'Evêque eſt en poſſeſſion de tenir ſes Synodes dans le Chœur de ſon Egliſe Cathedrale; il en fait auparavant ſignifier l'indiction au Chapitre, afin qu'il prépare toutes les choſes néceſ-
ſaires; ces faits ne ſont pas conteſtés.

Le Sieur Perochel fit ſa Viſite le 14. Avril 1667. dans ſa Cathedrale, où il trouva
même tout en très-grand deſordre: il avoit le 13. Avril fait ſignifier ſa Viſite au
Chapitre, qui répondit qu'il ſe trouveroit dans la Sacriſtie aux jour & heure à eux
aſſignés par l'Evêque.

Le Chapitre même en s'oppoſant à la Viſite que les Gens du Roy de la Sénéchauſ-
ſée de Boulogne voulurent faire de l'Egliſe Cathedrale, déclare par la bouche du
Sieur Chatillon, Chanoine-Tréſorier, commis par délibération du Chapitre à cet
effet, *que depuis l'érection de l'Egliſe de Boulogne en Cathedrale, le Chapitre étoit en poſ-*
ſeſſion de n'être viſité de perſonne, que de Noſſeigneurs les Evêques de Boulogne.

Le même Sieur Perochel, ſur le rapport qui lui fut fait par les Doyen & Chapitre, d'un ſcandale arrivé dans le Chœur, rendit une Ordonnance le 14. Mars 1666.
& interdit le Chœur, en cas que le même ſcandale arrivât, & fait défenſes à tous Beneficiers
& Officiers, ſous peine d'interdit, ipſo facto, d'y chanter ou continuer l'Office, & leur or-
donne de le faire dans une autre Chapelle de l'Egliſe. Et le Chapitre a ſi bien reconnu
en cela la Juriſdiction de ſon Evêque, qu'il a enregiſtré tout au long cette Ordonnance dans ſes Regiſtres; & l'a fait encore publier en plein Chapitre, en préſence de
tout le Clergé de la Cathedrale le 15. Mars, qui étoit le lendemain.

Dans le Compulſoire que le Chapitre fit faire en 1719. pour ſoûtenir contre le Sieur de Langle qu'il étoit exempt de ſa Juriſdiction, la publication faite en Chapitre s'y trouve ; mais l'Ordonnance eſt effacée & raturée en quatre pages entieres du Regiſtre, qui eſt un faux qui mérite d'être puni contre les Auteurs ; heureuſement le Sieur Evêque de Boulogne produit aujourd'hui l'original de cette Ordonnance, ſignée du Sieur de Perochel, qui remet au jour ce qui a été rayé ſur le Regiſtre Capitulaire.

C'eſt ainſi qu'ils effacent de leurs Regiſtres tout ce qui ſe trouve favoriſer la Juriſdiction de leur Evêque, comme ils l'ont encore fait dans un autre Regiſtre, dont l'extrait compulſé eſt cotté 38. dans leur Production ; & même comme on l'a remarqué au commencement, ils ont la hardieſſe de produire ici un Extrait de leur Regiſtre comme ſain & entier, qui a été bâtonné par le Sieur Intendant de la Province, de l'ordre de V. M.

Dans toutes les Proviſions des Dignités, Canonicats & Chapelles que l'Evêque adreſſe au Chapitre, pour qu'il inſtalle & mette les Pourvûs en poſſeſſion, il ſe ſert, & s'eſt toûjours ſervi du terme d'injonction, *Mandamus*.

Lorſque l'Official du Chapitre ordonne l'obtention d'un Monitoire, pour parvenir à la preuve néceſſaire au Jugement d'une Inſtance pendante devant lui, c'eſt à l'Evêque à qui le Chapitre s'adreſſe pour l'obtention du Monitoire, qui eſt enſuite publié dans la Cathédrale. Il y en a des exemples tous récens.

Outre tout ce que deſſus, qui regarde le ſpirituel, l'Evêque quant au temporel eſt le premier Adminiſtrateur des Fabriques de ſon Egliſe Cathédrale ; les comptes en doivent être rendus pardevant lui, & en ſon abſence pardevant ſon Grand Vicaire, ce qui a toûjours été exécuté ſans interruption.

Et c'eſt en conſéquence de ſon droit de ſupériorité ſur le Temporel de l'Egliſe Cathédrale, qu'aux termes de la Sentence arbitrale de 1575. l'Evêque a l'uſage des Reliques, des Joyaux & Ornemens de ſon Egliſe, toutes les fois qu'il le juge à propos, ſoit dans l'Egliſe Cathédrale, ſoit au-dehors.

Les autres Egliſes Suffragantes de Reims, dont les Chapitres ſont exempts de la Juriſdiction des Evêques, ſont dans des uſages tous contraires ; par conſéquent, il eſt bien clair qu'on ne peut pas ici argumenter contre le Sieur Evêque de Boulogne, de ce qui ſe pratique dans ces autres Egliſes.

En vain après cela les Chanoines ſe ſont-ils mis en peine de rapporter pluſieurs Piéces, pour établir que les Archevêques de Reims ont exercé leurs fonctions ſur l'Egliſe de Boulogne.

Car ces Piéces ſe rétorquent contre-eux, puiſqu'elles apprennent elles-mêmes que le Siége Epiſcopal étoit vacant ; ainſi des Archevêques n'y ont point agi comme Supérieurs immédiats, mais ſeulement en leur qualité de Métropolitains.

Fort inutilement encore produiſent-ils un extrait de la Partition faite en 1559. des Biens de l'Evêché de Theroüanne entre la Manſe de l'Evêché, & celle du Chapitre de Boulogne, ſur quoi il y eut des Lettres expédiées par M. le Cardinal de Lorraine, lors Archevêque de Reims, à un Député qu'il nomma ; bien loin que cette Piéce ſoit encore de quelque utilité à ces Chanoines, elle ſe rétorque avec avantage contre eux.

Car 1°. l'Archevêque s'y dit ſeulement Pere commun, Supérieur Métropolitain, Protecteur & Défenſeur des Droits, Franchiſes & Libertés des Egliſes ſujettes à ſon Siége ; en tout cela il n'agit qu'en ſa qualité de Métropolitain dans un tems où il n'y avoit pas encore d'Evêque nommé à Boulogne, ni même d'Evêché érigé.

2°. Il eſt dit enſuite, que les Evêque & Chapitre de Boulogne doivent être égaux : *In agreſti & paſtoritiâ ſodalitate.* Les Lettres de députation de l'Archevêque expliquent que c'eſt *pour retenir la vraie moitié du bien qui leur appartient* ; & tout de ſuite il eſt ajoûté, *avec toute juriſdiction appartenante à l'Evêque, & puiſſance correctionnelle appartenante au Chapitre, conformément à leurs Privileges*, ce qui ſe rapporte à la Raymondine : & cela prouve encore bien préciſément que l'Archevêque n'étoit point Supérieur immédiat de la puiſſance juriſdictionnelle du Chapitre ; mais l'Evêque à qui il eſt dit que toute Juriſdiction appartient ; les Chanoines n'ont eu garde de relever dans leur Requête ces derniers termes.

Enfin, les Chanoines pour établir le reſſort de leur Juriſdiction à Reims, produi-

7°. Les Chanoines produiſent ici pluſieurs Piéces qui confirment tout ce que deſſus.

fent fous les cottes 57. & 58. des copies informes d'une Sentence de Reims, qui leur eft abfolument contraire ; cette Sentence de la Métropole réforme la Sentence qui avoit été renduë incompetamment en premiere inftance par l'Evêque de Boulogne, contre le nommé Picquet qui étoit foumis à la Jurifdiction du Chapitre, elle renvoye ce Particulier au Chapitre, pour être jugé & informé contre lui de fes excès, pourquoi l'Official Métropolitain donne au Chapitre un délai de trois mois ; & en cas qu'il ne faffe pas Juftice contre Picquet dans les trois mois, la même Sentence le renvoye à l'Evêque pour le juger : *Alioquin elapfo trimeftri , fi Capitulum in mora faciendi repe-riatur reverendo Epifcopo ejus Officiali , feu alteri ab ipfo committendo permittimus in eundem Picquet animadvertere.* Voilà qui établit bien précifément que l'Evêque étoit le Superieur du Chapitre, puifqu'il a non feulement le reffort qui lui appartient, mais encore, comme il eft jugé ici, la dévolution en cas de négligence, fans qu'on puiffe dire qu'on ait voulu favorifer en cela l'Evêque ; car la même Sentence le reprend d'avoir fait en d'autres occafions des entreprifes fur la Jurifdiction du Siége Métropolitain ; ainfi on ne lui auroit pas donné l'avantage d'en exercer les droits ; c'eft donc fon propre droit en qualité d'Evêque, qu'on n'a pû s'empêcher de lui déferer, en lui attribuant la dévolution fur la négligence du Chapitre.

Enfin on les exhorte d'ou-vrir eux-mêmes les yeux.
Que les Chanoines, qui agiffent ici contre leur Evêque, ouvrent donc enfin les yeux qu'ils ferment au plus clair de tous les droits ; & qu'ils reconnoiffent que le Doyen, l'Archidiacre, le Pénitencier, & les autres Capitulants qu'ils n'ont point voulu entendre dans leurs Délibérations, qu'ils ont même exclus violemment de leurs Affemblées, prenoient un meilleur parti qu'eux, lorfqu'ils s'oppofoient à entreprendre le Procès contre la Jurifdiction de leur Evêque ; & qu'ils reconnoiffent en même tems, qu'ils ont befoin de toute la charité & de la vigilance de leur Pafteur, pour remettre les chofes en regle, dans un Chapitre, où on voit des irrégularités auffi énormes, que celles qui réfultent des alterations qu'ils fe croyent permifes felon leurs intérêts dans leurs Actes Capitulaires, & de cette diffention fcandaleufe dans laquelle ils font avec leur Doyen & les autres Dignités & Chanoines, qui ne donnent point dans leur paffion & dans leur cabale ; malheureux fruits de leur efprit d'indépendance.

A ces causes, SIRE, plaife à VOTRE MAJESTE' donner Acte au Suppliant de ce que pour Réponfes à la derniere Requête des Chanoines, & pour Contredits contre toutes les Piéces qu'ils y ont jointes, il employe le contenu en la préfente, avec les Piéces qui y feront jointes, en conféquence, fans avoir égard aux conclufions prifes par lefdits Chanoines, dont ils feront déboutés, adjuger au Suppliant celles par lui prifes par fa précédente Requête : & y ajoûtant, ordonner, au cas que le Chapitre fût maintenu au premier degré de Jurifdiction contentieufe à eux accordée par la Raymondine, que l'Official du Chapitre fera tenu d'informer dans trois jours des délits commis par les Doyen, Chanoines, Chapelains & autres Suppôts dudit Chapitre, & d'inftruire & juger les Procès dans les délais de l'Ordonnances ; finon, & à faute de ce faire dans ledit tems, & icelui paffé, pourra le Suppliant ou fon Official informer, inftruire & juger les Procès, fans que les Accufés puiffent demander leur renvoi, & condamner les conteftans aux dépens.

Monfieur MABOUL, Maitre des Requêtes, Rapporteur.

Me JUMELIN, Avocat.

De l'Imprimerie de LANGLOIS.

www.ingramcontent.com/pod-product-compliance
Lightning Source LLC
Chambersburg PA
CBHW060501200326
41520CB00017B/4878